현장에서 실제로 사용하는

항공 서비스
일본어

머 리 말

본 교재는 예비 국내외 항공사 객실 승무원이나 공항 지상 직원을 대상으로 하는 학습 교재로 현장에서 바로 사용되는 회화를 상황별 주제에 맞게 연습하며 기초 문형을 익히면서 훈련하는 일본어 회화 학습서입니다.

국내외 항공사 기내 방송문을 참고 하였으며, 교재 부록에는 취업 면접 시 사용되는 일본어 자기소개와 면접용 일본어 회화가 구성 되어 있습니다.

대부분의 항공사들의 신입 승무원 서비스 교육 프로그램중에는 일본어 교육이 포함되어 있으므로 입사 전에 미리 상황별 회화 및 기내 방송문을 익히고 입사하는 것이 교육 이수에 큰 도움이 될 것으로 파악됩니다.

그리고 본 교재에는 타 교재와 다르게 상황별 일본어 회화와 같이 면접용 자기소개 샘플 및 면접을 준비 할 수 있도록 인터뷰 질문들과 샘플 답안을 정리 해 두었습니다. 학습한 후 각자 본인들의 스토리를 첨부하여 자기소개를 작성해보도록 합니다.

본 교재가 여러분의 꿈인 객실 승무원이나 공항 지상 직원이 되기까지 도움이 되는 학습서이길 진심으로 바랍니다. 그리고 여러분의 꿈이 이루어지도록 응원하겠습니다.

마지막으로 이 교재가 출판되기까지 지원을 아끼지 않으신 한올 대표님과 그 외 임직원 및 편집부 여러분들에게 감사의 말씀을 드립니다.

저자 송민수

차　례

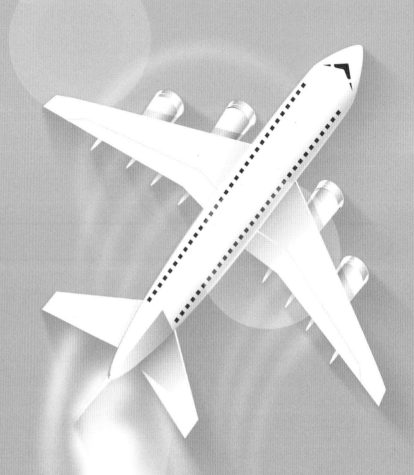

Contents

일본어의 문자와 발음
ひらがな · カタカナ

현장에서 실제로 사용하는 **항공서비스 일본어**

일본어에는 3가지의 문자가 있다. 히라가나(平仮名), 가타카나(片仮名), 한자(漢字)이다. 가나와 한자를 섞어 문장을 만든다. 각각의 문자를 구체적으로 알아보면 다음과 같다.

1) 히라가나(ひらがな)

あ	か	さ	た	な	は	ま	や	ら	わ	ん
安あ	加か	左さ	太た	奈な	波は	末ま	也や	良ら	和わ	无ん
以い	機き	之し	知ち	仁に	比ひ	美み		利り	爲ゐ	
宇う	久く	寸す	川つ	奴ぬ	不ふ	武む	由ゆ	留る		
衣え	計け	世せ	天て	祢ね	部へ	女め		礼れ	恵ゑ	
於お	己こ	曽そ	止と	乃の	保ほ	毛も	与よ	呂ろ	遠を	

＊한자를 간략화 하고, 한자의 모양을 빌어서 만든 글자

＊궁녀들에 의해 만들어짐

＊현대 일본에서 주로 사용하는 가장 보편적으로 쓰이는 문자

＊글자의 특성: 부드러운 곡선 (여성적)

2) 가타카나(カタカナ)

＊한자의 자획 일부분에서 따온 것

＊귀족 남성들의 의해 만들어짐

＊현대 일본어에서는 외래어 표기에 많이 쓰임

※외래어, 의성어, 의태어, 강조어, 외국의 인명이나 지명, 고유어, 동물과 식물
  이름, 전보문 등에도 사용

※글자의 특징: 딱딱한 직선

ア	阿	イ	伊	ウ	宇	エ	江	オ	於
カ	加	キ	機	ク	久	ケ	介	コ	己
サ	散	シ	之	ス	須	セ	世	ソ	曽
タ	多	チ	千	ツ	川	テ	天	ト	止
ナ	奈	ニ	仁	ヌ	奴	ネ	祢	ノ	乃
ハ	八	ヒ	比	フ	不	ヘ	部	ホ	保
マ	末	ミ	三	ム	牟	メ	女	モ	毛
ヤ	也			ユ	由			ヨ	與
ラ	良	リ	利	ル	流	レ	礼	ロ	呂
ワ	和	ヰ	井			ヱ	恵	ヲ	乎
ン	尓								

3) 한자(漢字)

※고대 중국에서 발생한 한자와 일본에서 만든 한자(와제한자) – 자연, 법률어 등

※상용한자(일상생활에서 필요한 한자: 2,136자 (2010년))

※대부분 약체자(한자의 획수를 줄여 간단하게 표기한 한자)

※읽는 법: 음독(중국의 음을 소리 나는 대로 읽는 법)
　　　　　훈독(한자의 뜻을 새겨서 읽는 법)

 오십음도(五十音図)

5개의 단과 10개의 행을 나열한 하라가나/가타카나 표를 50음도라 칭한다. 50개
의 가나 중 현재는 46개만 사용하고 있다.(아카사타/나하마야/라와응)

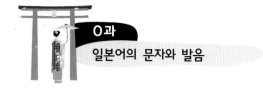

 히라가나(ひらがな)

	あ단	い단	う단	え단	お단
あ행	あ	い	う	え	お
か행	か	き	く	け	こ
さ행	さ	し	す	せ	そ
た행	た	ち	つ	て	と
な행	な	に	ぬ	ね	の
は행	は	ひ	ふ	へ	ほ
ま행	ま	み	む	め	も
や행	や		ゆ		よ
ら행	ら	り	る	れ	ろ
わ행	わ				を
ん	ん				

 혼돈하기 쉬운 ひらがな 단어

あ[a]	お[o]	い[i]	り[ri]	さ[sa]	ち[chi]
た[ta]	な[na]	は[ha]	ほ[ho]	る[ru]	ろ[ro]
ね[ne]	れ[re]	わ[wa]			

 読んで見ましょう

ひこうき　비행기　　くうこう　공항　　　こうくう　항공　　　かんこう　관광
かんこく　한국　　　ちかてつ　지하철　　えき　역　　　　　きない　기내

あ	い	う	え	お
[a]	[i]	[u]	[e]	[o]

か	き	く	け	こ
[ka]	[ki]	[ku]	[ke]	[ko]

さ	し	す	せ	そ
[sa]	[shi]	[su]	[se]	[so]

た	ち	つ	て	と
[ta]	[chi]	[tsu]	[te]	[to]

な	に	ぬ	ね	の
[na]	[ni]	[nu]	[ne]	[no]

は	ひ	ふ	へ	ほ
[ha]	[hi]	[fu]	[he]	[ho]

ま	み	む	め	も
[ma]	[mi]	[mu]	[me]	[mo]

や		ゆ		よ
[ya]		[yu]		[yo]

ら	り	る	れ	ろ
[ra]	[ri]	[ru]	[re]	[ro]

わ		を		ん
[wa]		[wo]		[n]

가타카나(カタカナ)

	ア단	イ단	ウ단	エ단	オ단
ア행	ア	イ	ウ	エ	オ
カ행	カ	キ	ク	ケ	コ
サ행	サ	シ	ス	セ	ソ
タ행	タ	チ	ツ	テ	ト
ナ행	ナ	ニ	ヌ	ネ	ノ
ハ행	ハ	ヒ	フ	ヘ	ホ
マ행	マ	ミ	ム	メ	モ
ヤ행	ヤ		ユ		ヨ
ラ행	ラ	リ	ル	レ	ロ
ワ행	ワ				ヲ
ン	ン				

혼돈하기 쉬운 カタカナ 단어

ウ[u]	ラ[ra]	ワ[wa]	ク[ku]	コ[ko]	ユ[yu]
ン[n]	ソ[so]	シ[shi]	ツ[tsu]	チ[chi]	テ[te]

読んで見ましょう

ソウル 서울　　　アメリカ 미국　　　フランス 프랑스　　　フライト 비행

ホテル 호텔　　　トイレ 화장실　　　トマト 토마토

ア	イ	ウ	エ	オ
[a]	[i]	[u]	[e]	[o]

カ	キ	ク	ケ	コ
[ka]	[ki]	[ku]	[ke]	[ko]

サ	シ	ス	セ	ソ
[sa]	[shi]	[su]	[se]	[so]

タ	チ	ツ	テ	ト
[ta]	[chi]	[tsu]	[te]	[to]

ナ	ニ	ヌ	ネ	ノ
[na]	[ni]	[nu]	[ne]	[no]

ハ	ヒ	フ	ヘ	ホ
[ha]	[hi]	[fu]	[he]	[ho]

マ	ミ	ム	メ	モ
[ma]	[mi]	[mu]	[me]	[mo]

ヤ		ユ		ヨ
[ya]		[yu]		[yo]

ラ	リ	ル	レ	ロ
[ra]	[ri]	[ru]	[re]	[ro]

ワ		ヲ		ン
[wa]		[wo]		[n]

1) **청음(淸音)** : 오십음도에 나오는 가나 중에서 「ん」을 제외한 모든 음
   (맑은 음)

2) **탁음(濁音)** : 「か, さ, は, た」행의 글자 오른쪽 위에 탁점(˝)을 찍어 성대를
   진동하여 발음하는 음(탁한 음)

が행	が[ga]	ぎ[gi]	ぐ[gu]	げ[ge]	ご[go]
ざ행	ざ[za]	じ[ji]	ず[zu]	ぜ[ze]	ぞ[zo]
だ행	だ[da]	ぢ[ji]	づ[zu]	で[de]	ど[do]
ば행	ば[ba]	び[bi]	ぶ[bu]	べ[be]	ぼ[bo]

ガ행	ガ	ギ	グ	ゲ	ゴ
ザ행	ザ	ジ	ズ	ゼ	ゾ
ダ행	ダ	ヂ	ヅ	デ	ド
バ행	バ	ビ	ブ	ベ	ボ

 読んで見ましょう

外国(がいこく) 외국　　　座席(ざせき) 좌석　　　水(みず) 물　　　かばん 가방
現金(げんきん) 현금　　　海老(えび) 새우　　　大学(だいがく) 대학

ガイド 가이드　　　ビジネスクラス 비즈니스 클래스　　　ドリンク 음료
サラダ 샐러드　　　バナナ 바나나　　　アルバイト 아르바이트　　　ビザ 비자

3) 반탁음(半濁音) : 「は」 행의 글자 오른쪽 위에 반탁점(゜)을 찍어

　　　　　　　　　[ㅃ]과 [ㅍ]의 중간 음

ぱ행	ぱ[pa]	ぴ[pi]	ぷ[pu]	ぺ[pe]	ぽ[po]
パ행	パ[pa]	ピ[pi]	プ[pu]	ペ[pe]	ポ[po]

 読んで見ましょう

さんぽ 산책　　かんぱい 건배　　ぺらぺら 술술(특히 외국어를 잘 말하는 모양)
パン 빵　　　　ピザ 피자　　　　プレゼント 선물　　　　ペン 펜

4) 요음(拗音) : 「き/キ, ぎ/ギ, し/シ, じ/ジ, ち/チ, に/ニ, ひ/ヒ, び/ビ, ぴ/ピ, み/
ミ, り/リ」의 い단에 「や/ヤ, ゆ/ユ, よ/ヨ」을 ½ 크기 작게
붙여서 한 박으로 발음 한다.

きゃ	きゅ	きょ	キャ	キュ	キョ
ぎゃ	ぎゅ	ぎょ	ギャ	ギュ	ギョ
しゃ	しゅ	しょ	シャ	シュ	ショ
じゃ	じゅ	じょ	ジャ	ジュ	ジョ
ちゃ	ちゅ	ちょ	チャ	チュ	チョ
にゃ	にゅ	にょ	ニャ	ニュ	ニョ
ひゃ	ひゅ	ひょ	ヒャ	ヒュ	ヒョ
びゃ	びゅ	びょ	ビャ	ビュ	ビョ
ぴゃ	ぴゅ	ぴょ	ピャ	ピュ	ピョ
みゃ	みゅ	みょ	ミャ	ミュ	ミョ
りゃ	りゅ	りょ	リャ	リュ	リョ

 読んで見ましょう

お客(きゃく) 손님　　到着(とうちゃく) 도착　　　　旅行(りょこう) 여행
キャンセル 취소　　　ジュニア 주니어　　　　ジョギング 조깅

5) 촉음(促音) : 우리말의 받침과 같은 역할을 하며, 「っ/ツ」를 ½ 크기 작게
붙여 뒤에 오는 음에 따라 발음이 달라진다. 우리말의 '사이시
옷'처럼 발음되는 경우이다.

 読んで見ましょう

にっき 일기　　　　ざっし 잡지　　　　みっつ 셋　　　　いっぱい 가득
チケット 티켓　　　ショッピング 쇼핑　　　　チェックイン 체크인

6) 발음(発音) : 우리말의 받침과 같은 역할을 하며, 「ん/ン」을 붙여 한 박자
의 길이를 가진다. 뒤에 오는 음에 따라 발음이 달라진다.

 読んで見ましょう

さんぽ 산책　　　　あんない 안내　　　　りんご 사과　　　　でんわ 전화
ワンピース 원피스　チャンス 찬스　　ショッピング 쇼핑　キッチン 키친

7) 장음(長音) : 발음의 길이에 따라 뜻이 달라진다. 히라가나의 경우는 「あ,い,
う,え,お」를 붙여 발음을 길게 하여 장음을 나타낸다.
가타가나의 경우는 장음을 「ー」로 나타낸다.

 読んで見ましょう

おか<u>あ</u>さん	어머니	おに<u>い</u>さん	형,오빠
ふ<u>う</u>ふ	부부	おと<u>う</u>さん	아버지
おね<u>え</u>さん	누나, 언니	おじ<u>い</u>さん	할아버지(おじさん 아저씨)
おば<u>あ</u>さん	할머니(おばさん 아줌마)	ビール	맥주(ビル 빌딩)
パスポート	여권	シートベルト	좌석벨트
スケジュール	스케줄	サービス	서비스
ハンバーガー	햄버거	ゲート	탑승구

 히라가나 테스트

[a]	[i]	[u]	[e]	[o]
[ka]	[ki]	[ku]	[ke]	[ko]
[sa]	[shi]	[su]	[se]	[so]
[ta]	[chi]	[tsu]	[te]	[to]
[na]	[ni]	[nu]	[ne]	[no]
[ha]	[hi]	[fu]	[he]	[ho]
[ma]	[mi]	[mu]	[me]	[mo]
[ya]		[yu]		[yo]
[ra]	[ri]	[ru]	[re]	[ro]
[wa]				[wo]
[n]				

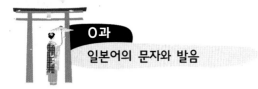
 가타카나 테스트

[a]	[i]	[u]	[e]	[o]
[ka]	[ki]	[ku]	[ke]	[ko]
[sa]	[shi]	[su]	[se]	[so]
[ta]	[chi]	[tsu]	[te]	[to]
[na]	[ni]	[nu]	[ne]	[no]
[ha]	[hi]	[fu]	[he]	[ho]
[ma]	[mi]	[mu]	[me]	[mo]
[ya]		[yu]		[yo]
[ra]	[ri]	[ru]	[re]	[ro]
[wa]				[wo]
[n]				

기본 접객 일본어

① いらっしゃいませ。　　　　　　　　　　어서 오세요.

② ようこそ。　　　　　　　　　　　　　　환영합니다.

③ おはようございます。　　　　　　　　　안녕하세요.(아침)

④ こんにちは。　　　　　　　　　　　　　안녕하세요.(점심)

⑤ こんばんは。　　　　　　　　　　　　　안녕하세요.(저녁)

⑥ ありがとうございます。　　　　　　　　감사합니다.(계속)

⑦ ありがとうございました。　　　　　　　감사합니다.(완료)

⑧ すみません。　　　　　　　　　　　　　죄송합니다.(사죄)

⑨ すみません。　　　　　　　　　　　　　실례합니다.(부를 때)

⑩ 失礼いたします。　　　　　　　　　　　실례합니다.

⑪ 申し訳ございません。　　　　　　　　　죄송합니다.(사죄)

⑫ 恐れ入りますが。　　　　　　　　　　　죄송합니다만.(양해)

⑬ かしこまりました。　　　　　　　　　　알겠습니다.

⑭ すぐ、お持ちいたします。　　　　　　　곧 가져다 드리겠습니다.

⑮ どうぞ、ごゆっくり。　　　　　　　　　편히 쉬세요/맛있게 드세요.

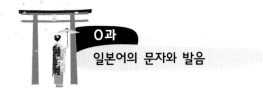
기본 접객 표현을 써보시오.

① 어서 오세요.

② 환영합니다.

③ 안녕하세요.(아침)

④ 안녕하세요.(점심)

⑤ 안녕하세요.(저녁)

⑥ 감사합니다.(계속)

⑦ 감사합니다.(완료)

⑧ 죄송합니다.(사죄)

⑨ 실례합니다.(부를 때)

⑩ 실례합니다.(정중)

⑪ 죄송합니다.(사죄)

⑫ 죄송합니다만.(양해)

⑬ 알겠습니다.(정중)

⑭ 곧 가져다 드리겠습니다.

⑮ 편히 쉬세요/맛있게 드세요.

Contents

공항 안내 서비스 1

<ruby>空港<rt>くうこう</rt></ruby>ロビーサービス

현장에서 실제로 사용하는 **항공서비스 일본어**

1과

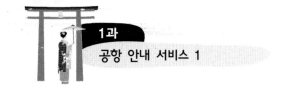

※GS: グランドスタッフ(그라운드 스텝)

※客: 손님

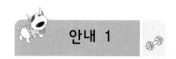

안내 1

GS : お客様、何かお探しですか。　　　손님, 뭔가 찾으십니까?

客 : はい、出国場はどこですか。　　　네, 출국장은 어디에요?

GS : 三階にございます。あちらにあるエスカレーターをご利用下さい。

　　　　3층에 있습니다. 저기에 있는 에스컬레이터를 이용해 주십시오.

客 : はい、どうも。　　　네, 감사합니다.

안내 2

客 : すみません。空港リムジンバス乗り場はどこですか。

　　　　실례합니다. 공항리무진버스 타는 곳은 어디인가요?

GS : 一階になります。ご案内致します。　1층에 있습니다. 안내해 드리겠습니다.

客 : はい、どうも。　　　네, 감사합니다.

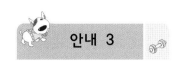

客 : すみません。　ここが第1ターミナルですか。

실례합니다. 여기가 제 1터미널인가요?

GS : いいえ、ここは第2ターミナルです。　아니오, 여기는 제 2터미널입니다.

客 : あ、そうなんですか。　　　　　아, 그래요?

GS : お客様、ここから第1ターミナルまで空港鉄道で約六分、無料シャトルバス
　　では十五分ぐらいかかります。

　　손님, 여기에서 제 1터미널까지 공항철도로 약 6분, 무료셔틀버스로는 15분
　　정도 걸립니다.

客 : ありがとう。　감사해요.

✈ check point

グランドサービス(그라운드 서비스): 항공사 지상근무 직원(Ground Staff)은 항공
티켓 관리, 예약, 발권, 승객의 수화물 관리, 항공 화물(카고: Cargo), 탑승 게이트
(Gate), 라운지(Lounge), 체크인 카운터 서비스 등을 담당한다.

1과
공항 안내 서비스 1

▶ 단어 <ruby>単語<rt>たんご</rt></ruby>

- ▸ <ruby>空港<rt>くうこう</rt></ruby> 공항
- ▸ <ruby>案内<rt>あんない</rt></ruby> 안내
- ▸ サービス 서비스
- ▸ グランドスタッフ 공항 지상 직원
- ▸ <ruby>便<rt>びん</rt></ruby> ～편
- ▸ <ruby>行<rt>ゆ</rt></ruby>き ～행
- ▸ お<ruby>客様<rt>きゃくさま</rt></ruby> 손님
- ▸ <ruby>何<rt>なに</rt></ruby>か 무언가, 뭔가
- ▸ お<ruby>探<rt>さが</rt></ruby>しですか 찾으십니까
- ▸ <ruby>出国場<rt>しゅっこくじょう</rt></ruby> 출국장
- ▸ どこ 어디

- ▸ エスカレーター 에스컬레이터
- ▸ <ruby>利用<rt>りよう</rt></ruby> 이용
- ▸ リムジンバス 리무진버스
- ▸ <ruby>乗<rt>の</rt></ruby>り<ruby>場<rt>ば</rt></ruby> 타는 곳, 승강장
- ▸ ～になります ～가 됩니다(입니다)
- ▸ <ruby>第<rt>だい</rt></ruby> 제～
- ▸ ターミナル 터미널
- ▸ <ruby>鉄道<rt>てつどう</rt></ruby> 철도
- ▸ <ruby>約<rt>やく</rt></ruby> 약
- ▸ <ruby>無料<rt>むりょう</rt></ruby> 무료
- ▸ シャトルバス 셔틀버스
- ▸ かかる 걸리다

[지시사]

	こ(이)	そ(그)	あ(저)	ど(어느)
사물(~것)	これ	それ	あれ	どれ
방향(~쪽)	こちら	そちら	あちら	どちら
장소(~기)	ここ	そこ	あそこ	どこ

[존재 동사]

1. 존재 동사 ある(있다)＝あります(있습니다)↔ない(없다)＝ありません(없습니다)
   무생물이나 식물의 존재를 나타내는 동사

ここに かばんが ある。	여기에 가방이 있다.
あそこに コンビニが あります。	저기에 편의점이 있습니다.
今日、授業が あります。	오늘 수업이 있습니다.
本屋は どこに ありますか。	서점은 어디에 있습니까?

2. 존재 동사 いる(있다)＝います(있습니다)↔いない(없다)＝いません(없습니다)
   사람이나 동물의 존재를 나타내는 동사

公園に 子供が いる。	공원에 아이가 있다.
教室に 学生が います。	교실에 학생이 있습니다.
家に 犬が います。	집에 개가 있습니다.
先生は どこに いますか。	선생님은 어디에 계십니까?

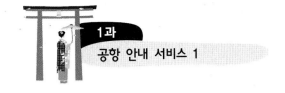
3. あります의 정중어 ： ございます

　　 ありません의 정중어 ： ございません

三階にございます。	3층에 있습니다.
ここはエレベーターがございません。	여기에는 엘리베이터가 없습니다.

4. 위치 명사

上 위　　下 아래　　よこ 옆(곁)　　そば 근처　　となり 옆(곁)　　ひだり 왼쪽

みぎ 오른쪽　　あいだ 사이　　後ろ 뒤　　前 앞　　中 안　　外 밖

机の上に本があります。	책상 위에 책이 있습니다.
教室の中に 学生が います。	교실 안에 학생이 있습니다.
公園の後ろに山があります。	공원 뒤에 산이 있습니다.
車の下に猫がいます。	차 아래에 고양이가 있습니다.
駅のそばにコンビニが あります。	역 근처에 편의점이 있습니다.

[숫자(1~10)]

1	2	3	4	5
いち	に	さん	し・よん・よ	ご

6	7	8	9	10
ろく	しち・なな	はち	きゅう・く	じゅう

[고유수사]

한 개	두 개	세 개	네 개	다섯 개
ひとつ	ふたつ	みっつ	よっつ	いつつ
여섯 개	일곱 개	여덟 개	아홉 개	열 개
むっつ	ななつ	やっつ	ここのつ	とお

한 명	두 명	세 명	네 명	다섯 명
ひとり	ふたり	さんにん	よにん	ごにん
여섯 명	일곱 명	여덟 명	아홉 명	열 명
ろくにん	しちにん	はちにん	きゅうにん	じゅうにん

▶ 연습문제

1. 1) 가방 안에 핸드폰(ケータイ)이 있습니다.

　　→

2) 차 아래에 고양이가 있습니다.

　　→

3) 오늘 수업이 없습니다.

　　→

4) 선생님 뒤에 학생 한 명이 있습니다.

　　→

5) 저쪽에 엘리베이터(エレベーター)가 있습니다. (정중어)

　　→

2. 빈 칸에 써보시오.

1	2	3	4	5

6	7	8	9	10

3. 빈 칸에 써보시오.

한 개	두 개	세 개	네 개	다섯 개
여섯 개	일곱 개	여덟 개	아홉 개	열 개

4. 빈 칸에 써보시오.

한 명	두 명	세 명	네 명	다섯 명
여섯 명	일곱 명	여덟 명	아홉 명	열 명

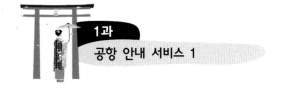
1과 주요 단어 써보기

① 空港 공항

くうこう	

② 出国場 출국장

しゅっこくじょう	

③ 乗り場 타는 곳

のりば	

④ 鉄道 철도

てつどう	

⑤ 無料 무료

むりょう	

⑥ サービス　서비스

サービス	

⑦ グランドスタッフ　그라운드 스탭, 지상 직원

グランドスタッフ	

⑧ エスカレーター　에스컬레이터

エスカレーター	

⑨ ターミナル　터미널

ターミナル	

⑩ シャトルバス　셔틀버스

シャトルバス	

Contents

공항 안내 서비스 2

<ruby>空港<rt>くうこう</rt></ruby>ロビーサービス

현장에서 실제로 사용하는 **항공서비스 일본어**

2과

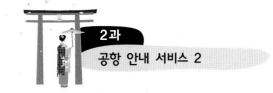

체크인 안내 1

GS : 9時 45分 ご出発のお客様 いらっしゃいますか。

　　　　　　　　　　　　　　　　　9시 45분 출발의 손님 계십니까?

客 : あ、すみません。　　　　　　　　아, 죄송합니다.

GS : こちらでご案内致します。　　　　이쪽으로 안내해 드리겠습니다.

체크인 안내 2

GS : 11時 大阪行きのお客様 いらっしゃいますか。

　　　　　　　　　　　　　　　　　11시 오사카행 이신 손님 계십니까?

客 : あ、すみません。　　　　　　　　아, 죄송합니다.

GS : お荷物お預けですか。　　　　　　짐을 맡기십니까?

客 : 一つあります。　　　　　　　　　하나 있습니다.

GS : Aカウンターをご利用下さい。　　A카운터를 이용해 주십시오.

　　/自動チェックイン機をご利用下さい。　자동 체크인기를 이용해 주십시오.

승객 호출 안내 お呼び出し

BS航空よりお客様のお呼び出しを申し上げます。

BS항공이 손님을 찾고 있습니다.

BS102便で関西へご出発の高橋様。

BS102편으로 간사이로 출발하시는 다카하시님.

恐れ入りますが、チェックインカウンターまでお越し下さい。

죄송하지만, 체크인 카운터까지 와 주십시오.

▶ 단어 単語_{たんご}

▸ いらっしゃいますか	계십니까
▸ お荷物_{にもつ}	짐
▸ お預_{あず}けですか	맡기십니까
▸ 一_{ひと}つ	하나
▸ カウンター	카운터
▸ 自動_{じどう}	자동
▸ チェックイン	체크인
▸ 機_き	기(기기)
▸ お呼_よび出_だし	호출
▸ 航空_{こうくう}	항공
▸ 恐_{おそ}れ入_いりますが	죄송합니다만(恐れ入る: 송구스러워하다)
▸ お越_こし下_{くだ}さい	와 주십시오(越す: 来る의 정중어)

▶ 문법

1. 동사

일본어의 동사의 기본형은 「う단」으로 끝난다(う, く, ぐ, す, つ, ぬ, ぶ, む, る)
동사는 활용의 종류에 따라 3그룹으로 나뉜다.

동사의 종류		형태	예(기본형)	
규칙 동사	1그룹 (5단 동사)	어미가 「う단」으로 끝나는 경우	買^かう	사다
			行^いく	가다
			泳^{およ}ぐ	헤엄치다
			話^{はな}す	이야기하다
			待^まつ	기다리다
			死^しぬ	죽다
			呼^よぶ	부르다
			飲^のむ	마시다
		어미가 「る」로 끝나고, 「る」앞에 「あ단」, 「う단」, 「お단」인 경우 ※ 예외인 경우도 있음 (형태상 2그룹, 활용은 1그룹)	ある	있다
			分^わかる	알다
			作^{つく}る	만들다
			乗^のる	타다
			降^ふる	내리다
			帰^{かえ}る(예외)	돌아가다
			入^{はい}る(예외)	들어가다
	2그룹 (1단 동사)	어미가 「る」로 반드시 끝나고, 「る」앞에 「い단」이나 「え단」인 경우	見^みる	보다
			起^おきる	일어나다
			食^たべる	먹다
			寝^ねる	자다
불규칙 동사	3그룹	불규칙적으로 활용된 경우	来^くる	오다
			する	하다

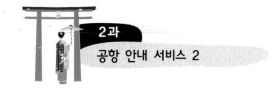
2. 동사의 ます형(정중형)

ます(か) ～합니다(까)/ません ～(하)지 않습니다.

동사	ます형	기본형	뜻	ます	ません
1 그룹	「う단」→「い단」 으로 바꾸고 +ます/ ません	買う	사다	買います	買いません
		行く	가다	行きます	行きません
		泳ぐ	헤엄치다	泳ぎます	泳ぎません
		話す	이야기하다	話します	話しません
		待つ	기다리다	待ちます	待ちません
		死ぬ	죽다	死にます	死にません
		呼ぶ	부르다	呼びます	呼びません
		飲む	마시다	飲みます	飲みません
		ある	있다	あります	ありません
		分かる	알다	分かります	分かりません
		作る	만들다	作ります	作りません
		乗る	타다	乗ります	乗りません
		降る	내리다	降ります	降りません
		帰る(예외)	돌아가다	帰ります	帰りません
		入る(예외)	들어가다	入ります	入りません
2 그룹	어미인「る」빼고 +ます/ ません	見る	보다	見ます	見ません
		起きる	일어나다	起きます	起きません
		食べる	먹다	食べます	食べません
		寝る	자다	寝ます	寝ません
3 그룹	くる→きます/きません する→します/しません	来る	오다	来ます	来ません
		する	하다	します	しません

3. 정중형: お+ 동사 ます형+下^{くだ}さい

　　~해 주십시오

　1) お持^もち下^{くだ}さい　　　들어 주십시오(1그룹)　　　持^もつ

　2) お待^まち下^{くだ}さい　　　기다려 주십시오(1그룹)　　待^まつ

　3) お話^{はな}し下^{くだ}さい　　　이야기해 주십시오(1그룹)　話^{はな}す

4. 정중형: ご+ 명사+ 下^{くだ}さい

　　~해 주십시오

　1) ご利用^{りよう}下^{くだ}さい　　　이용해 주십시오

　2) ご注意^{ちゅうい}下^{くだ}さい　　　주의해 주십시오

　3) ご安心^{あんしん}下^{くだ}さい　　　안심해 주십시오

5. 명사의 경어(お/ご+명사)

「お/ご」를 명사 앞에 붙이면 공손함, 존경, 친밀감, 부드러움, 세련된 느낌을
준다.

⊙ 일반적으로 일본 고유어: 「お」를 붙인다.

　　*お飲^のみ物^{もの} 음료　*お部屋^{へや} 객실　*お仕事^{しごと} 일　*お名前^{なまえ} 이름　*お客様^{きゃくさま} 손님

⊙ 일반적으로 한자어: 「ご」를 붙인다.

　　*ご案内^{あんない} 안내　*ご搭乗^{とうじょう} 탑승　*ご利用^{りよう} 이용　*ご家族^{かぞく} 가족　*ご旅行^{りょこう} 여행

⊙ 한자어에 「お」를 붙이는 예외도 있다.

*お時間 시간 *お料理 요리 *お食事 식사 *お菓子 과자 お宅 자택 등

⊙ 「お」를 붙어야 그 뜻을 나타내는 경우도 있다.

*お金 돈   *お湯 뜨거운 물   *お腹 배   *おしぼり 물수건 등

6. 何時ですか。 몇 시입니까?

~時(~시)

1시	2시	3시	4시	5시	6시
いち時	に時	さん時	よ時	ご時	ろく時
7시	8시	9시	10시	11시	12시
しち時	はち時	く時	じゅう時	じゅういち時	じゅうに時

7. 何分ですか。　몇 분입니까?
  （なんぷん）

　～分(ふん)/分(ぷん)(~분)

1분	2분	3분	4분	5분	6분
いっ分 （ぷん）	に分 （ふん）	さん分 （ぷん）	よん分 （ぷん）	ご分 （ふん）	ろっ分 （ぷん）
7분	**8분**	**9분**	**10분**	**11분**	**12분**
なな分 （ふん）	はっ分 （ぷん）	きゅう分 （ふん）	じゅっ分 （ぷん）	じゅういっ 分 （ぷん）	じゅうに分 （ふん）
15분	**20분**	**30분**	**40분**	**50분**	**반**
じゅうご分 （ぷん）	にじゅっ分 （ぷん）	さんじゅっ 分 （ぷん）	よんじゅっ 分 （ぷん）	ごじゅっ分 （ぷん）	半 （はん）

> **연습문제**

1. 「お」나 「ご」를 다음 단어 앞에 붙여 봅시다.

1) _____料理（りょうり）

2) _____搭乗（とうじょう）

3) _____腹（なか）

4) _____旅行（りょこう）

5) _____金（かね）

6) _____仕事（しごと）

7) _____案内（あんない）

8) _____名前（なまえ）

2. 동사를 이용해서 정중형(~해 주십시오)로 바꾸시오.

1) 越（こ）す (오다) →

2) 待（ま）つ (기다리다)→

3) 持（も）つ (들다) →

4) 呼（よ）ぶ(부르다) →

3. 명사를 이용해서 정중형(~해 주십시오)로 바꾸시오.

1) 理解（りかい） (이해) →

2) 注意（ちゅうい） (주의) →

3) 了承（りょうしょう） (양해) →

4) 搭乗（とうじょう） (탑승) →

4. 동사의 ます형으로 바꾸시오.

기본형	그룹	뜻	ます	ません
来る		오다		
行く		가다		
泳ぐ		헤엄치다		
話す		이야기하다		
待つ		기다리다		
見る		보다		
呼ぶ		부르다		
飲む		마시다		
ある		있다		
帰る		돌아가다		
作る		만들다		
乗る		타다		
降る		내리다		
食べる		먹다		
入る		들어가다		
死ぬ		죽다		
起きる		일어나다		
する		하다		
寝る		자다		
買う		사다		
分かる		알다		

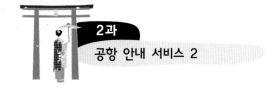
5. 시(時)를 써보시오.

1시	2시	3시	4시	5시	6시
＿＿＿時	＿＿＿時	＿＿＿時	＿＿＿時	＿＿＿時	＿＿＿時
7시	8시	9시	10시	11시	12시
＿＿＿時	＿＿＿時	＿＿＿時	＿＿＿時	＿＿＿時	＿＿＿時

6. 분(分)를 써보시오.

1분	2분	3분	4분	5분	6분
＿＿＿ふん/ぷん	＿＿＿ふん/ぷん	＿＿＿ふん/ぷん	＿＿＿ふん/ぷん	＿＿＿ふん/ぷん	＿＿＿ふん/ぷん
7분	8분	9분	10분	11분	12분
＿＿＿ふん/ぷん	＿＿＿ふん/ぷん	＿＿＿ふん/ぷん	＿＿＿ふん/ぷん	＿＿＿ふん/ぷん	＿＿＿ふん/ぷん

 2과 주요 단어 써보기

① 自動 자동

じどう	

② お呼び出し 호출

およびだし	

③ 航空 항공

こうくう	

④ 利用 이용

りよう	

⑤ 荷物 짐

にもつ	

⑥ カウンター　카운터

カウンター	

⑦ チェックイン　체크인

チェックイン	

⑧ チェックアウト　체크아웃

チェックアウト	

⑨ ユニフォーム　유니폼

ユニフォーム	

⑩ スチュワーデス　스튜어디스

スチュワーデス	

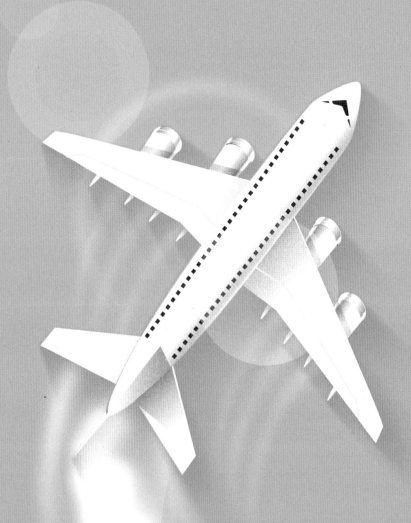

Contents

탑승수속업무 1

Check in Counter 業務
<ruby>業務<rt>ぎょうむ</rt></ruby>

현장에서 실제로 사용하는 **항공서비스 일본어**

3과

GS：いらっしゃいませ。パスポートとチケット、お願いします。

안녕하세요. 여권과 티켓을 부탁드립니다.

客：はい、どうぞ。

네, 여기요.

GS：どちらまでいらっしゃいますか。

어디까지 가십니까?

客：大阪です。

오사카에요.

GS：何名様ご一緒でしょうか。

몇 분이 같이 가십니까?

客：二人です。

두 명이요.

GS：少々お待ちください。

잠시만 기다려주십시오.

高橋様、BS102便、大阪行きですね。

다카하시님, BS 102편 오사카행 이시네요.

客：はい。そうです。

네. 그래요.

GS：マイレージカードはお持ちですか。

마일리지 카드는 가지고 계십니까?

客：はい。マイレージの登録をお願いします。

네. 마일리지 등록 부탁드립니다.

GS：お座席のご希望はございますか。

희망하시는 자리는 있으십니까?

通路側(つうろがわ)と窓側(まどがわ)、どちらがよろしいでしょうか。

　　　　　　　　　　　　　　통로 쪽과 창가 쪽, 어느 쪽이 좋으십니까?

客(きゃく)：窓側(まどがわ)、お願(ねが)いします。　　　　　　　창가 쪽 부탁합니다.

GS：かしこまりました。　　　　　　　알겠습니다.

단어 単語

▶ パスポート	여권
▶ チケット	항공권
▶ どちら	어디, 어느 쪽
▶ いらっしゃいますか	가십니까, 계십니까
▶ 一緒	같이, 함께
▶ マイレージカード	마일리지 카드
▶ 登録	등록
▶ 座席	좌석
▶ 希望	희망
▶ 通路側	통로 쪽
▶ 窓側	창가 쪽
▶ よろしいでしょうか	좋으십니까

문법

정중형: お+ ます형 +ですか

～하고 계십니까?

1) お持ちですか　　　　가지고 계십니까? (持つ)

2) お探しですか　　　　찾고 계십니까? (探す)

3) お預けですか。　　　맡기 십니까? (預ける)

1) 持つ(갖다)   →

2) 待つ(기다리다) →

3) 探す(찾다)   →

4) 飲む(마시다)   →

▶ 좌석 표현

※いらっしゃいませ。お待たせいたしました。　어서 오십시오. 오래 기다리셨습니다.

※ご希望のお座席はございますか。　　　　원하시는 자리는 있으신가요?

※最終目的地はどちらでしょうか。　　　　손님 최종 목적지가 어디십니까?

※本日はどちらまでいらっしゃいますか。　오늘은 어디까지 가십니까?

※電子チケットのお控えを、お持ちでしたらお願いいたします。

　　　　　　　　전자 항공권 영수증을 가지고 계시면 보여 주세요.

※本日、この便の座席配列は、3-4-3の座席配置となりますが、どのお座席をご希望されますか。

　　오늘 이 비행기 좌석 배치는 3-4-3으로 되어 있습니다만, 어느 쪽으로 하시겠습니까?

※お並びの席でよろしいでしょうか。

　　　　　　　　　　　　　　같이 나란히 앉으시는 좌석으로 괜찮으시겠습니까?

※残念ながら、ただいま横並びの席はございません。前後ろで並びの席はございますが、それでよろしかったら、いかがでしょうか。

현재 나란히 같이 앉으시는 좌석은 없습니다만, 앞뒤로 나란히 앉으시는 좌석은 어떠신지요?

▶ 단어 単語

▶ 最終	최종
▶ 目的地	목적지
▶ 本日	오늘
▶ 電子チケット	전자 항공권
▶ お並び	나란히

 3과 주요 단어 써보기

① 登録 <ruby>とうろく</ruby> 등록

とうろく	

② 座席 <ruby>ざせき</ruby> 좌석

ざせき	

③ 希望 <ruby>きぼう</ruby> 희망

きぼう	

④ 通路側 <ruby>つうろがわ</ruby> 통로 쪽

つうろがわ	

⑤ 最終 <ruby>さいしゅう</ruby> 최종

さいしゅう	

⑥ 目的地　목적지

もくてきち	

⑦ 電子　전자

でんし	

⑧ パスポート　여권

パスポート	

⑨ チケット　항공권

チケット	

⑩ マイレージカード　마일리지 카드

マイレージカード	

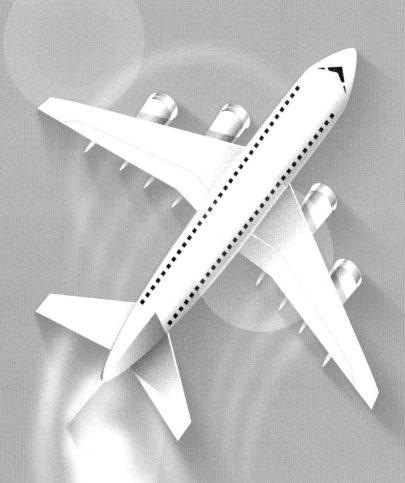

Contents

탑승수속업무 2

Check in Counter 業務

현장에서 실제로 사용하는 **항공서비스 일본어**

4과

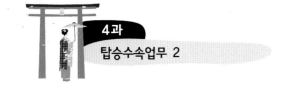

GS：どうぞ。お待たせ致しました。パスポートとチケット、お願いします。

다음분이요. 오래 기다리셨습니다. 여권과 티켓을 부탁드립니다.

客：はい、どうぞ。

네, 여기요.

GS：12時発沖縄行きでございますね。

12시 출발 오키나와행이시죠?

客：ええ。

예.

GS：お預けになるお荷物はございますか。

맡기실 짐은 있으십니까?

[맡길 짐이 있는 경우]

客：二つです。

두 개입니다.

GS：お荷物の中にバッテリはありませんか。

짐 안에 배터리는 없으신가요?

客：：いいえ、ありません。

아니요. 없어요.

GS：ここにお荷物を載せて下さい。

여기에 짐을 올려 주세요.

客：はい。

네.

66 · 현장에서 실제로 사용하는 항공서비스 일본어

[맡길 짐이 없는 경우]

客 :　ないです。　　　　　　　　　　　　없어요.

GS :　こちらは座席番号です。　　　　　　이쪽은 좌석번호입니다.

　　　　搭乗口は8(はち)番です。　　　　　탑승구는 8번입니다.

　　　　出発の30(さんじゅっ)分前までに、お越しください。

　　　　　　　　　　　　　　　　　　　출발 30분 전까지 와 주십시오.

客 :　はい、どうも。　　　　　　　　　네, 감사합니다.

GS :　ありがとうございました。　　　　감사합니다.

▶ 단어 単語

▶ お待たせ致しました	오래 기다리셨습니다
▶ ～発	～발/출발
▶ 沖縄	오키나와
▶ バッテリ	배터리
▶ こちら	이쪽
▶ 載せて下さい	올려 놔 주세요(載せる: 위에 놓다)
▶ 座席番号	좌석번호
▶ 搭乗口	탑승구
▶ 前	전
▶ ～までに	～까지

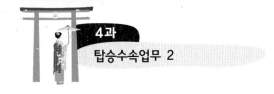
▶ 문법

1. 동사의 て형(~하고, 해서)

1그룹	う・つ・る 로 끝나는 동사	って	買う	사다	買って
			待つ	기다리다	待って
			売る	팔다	売って
	ぬ・ぶ・む 로 끝나는 동사	んで	死ぬ	죽다	死んで
			呼ぶ	부르다	呼んで
			飲む	마시다	飲んで
	く로 끝나는 동사	いて	書く	쓰다	書いて
	ぐ로 끝나는 동사	いで	急ぐ	서두르다	急いで
	す로 끝나는 동사	して	話す	이야기하다	話して
2그룹	る로 끝나는 동사	る 빼고 て	着る	입다	着て
			見る	보다	見て
			食べる	먹다	食べて
			教える	가르치다	教えて
3그룹	불규칙동사		来る	오다	きて
			する	하다	して

2. ～て下さい　　～해 주세요

「～て下さい」 보다는 「お+동사 ます형+下さい(～해 주세요)」가 더 정중한
의뢰 표현이다.

1) 待って下さい　　기다려 주세요(待つ)

2) 載せて下さい　　올려 놔 주세요(載せる)

3) 来て下さい　　와 주세요(来る

연습문제

1) 急ぐ→

2) 書く→

3) 並ぶ→

4) 話す→

5) 食べる→

6) 持つ→

7) 連絡する→

단어 単語

▶ 次の方	다음 분
▶ ただし	단
▶ 以下	이하
▶ 以上	이상
▶ ビニールバック	비닐 백
▶ ライター	라이터
▶ スプレー	스프레이
▶ はさみ	가위
▶ つめきり	손톱깎이
▶ 手つづき	수속
▶ まもなく	곧
▶ 締めきり	마감
▶ 急ぎ	서둘러

 수하물 표현

※恐れ入りますが、お一つずつお願いいたします。

　　　　　　　　죄송합니다만, 하나씩 올려 주시기 바랍니다.

※恐れ入りますが、お手荷物は倒していただけますか。

　　　　　　　　죄송합니다만, 짐은 눕혀 주시겠습니까?

※次の方、お願いいたします。　　　　　　　다음 분, 올려 주십시오.

※ただし100ml以下のものでしたら、透明なビニールバックに入れて、お持ち込みできます。　単、100ml이하라면 투명 비닐 백안에 넣어 가져갈 수 있습니다.

※お預けるになるお荷物の中に、ライター、スプレー、ガス等はございませんか。

　　　　　　　　부치는 가방 안에 라이터, 스프레이, 가스 등은 없으십니까?

※はさみ、ナイフ、つめきりなどは機内持ち込みできませんので、お預けください。

기내로 가져가는 짐 안에 가위나 칼, 손톱깎이는 가지고 들어 갈 수 없으므로 부치시기 바랍니다.

※お荷物に名札を付けていただけますか。

　　　　　　　　손님 짐에 이름표를 달아 주시기 바랍니다.

※お客様は目的地が日本なので、20kg/30kgまで、無料でお預かりできます。

손님은 목적지가 일본이므로, 무료로 부치실 수 있는 짐 무게는 20kg/30kg까지 입니다.

※5kgまではサービスいたしますが、それ以上の超過分につきましては、お支払いが必要となります。

저희가 5kg까지는 서비스 해 드릴 수가 있습니다만, 그 이상 초과되는 부분은 비용을 지불하셔야 합니다.

탑승 안내 방송 チェックイン

BS航空から大阪行き102便をご利用のお客様にご案内致します。

BS항공으로부터 오사카행 102편을 이용하시는 승객에게 안내해 드리겠습니다.

3階チェックインカウンターでご搭乗手つづきを行っております。

3층 체크인 카운터에서 탑승수속을 하고 있습니다.

10時発BS102便はまもなく搭乗手つづきを締めきらせていただきます。

10시 출발 BS 102편은 곧 탑승수속을 마감하겠습니다.

まだ搭乗手つづきをお済ませてないお客様はお急ぎチェックインカウンターまで

お越し下さい。

아직 탑승수속을 마치지 않으신 승객께서는 서둘러 체크인 카운터까지 와 주십시오.

4과 주요 단어 써보기

① 番号 번호
_{ばんごう}

ばんごう	

② 搭乗口 탑승구
_{とうじょうぐち}

とうじょうぐち	

③ 次の方 다음 분
_{つぎ かた}

つぎのかた	

④ 以上 이상
_{いじょう}

いじょう	

⑤ 以下 이하
_{い か}

いか	

⑥ バッテリ　배터리

バッテリ	

⑦ ビニールバック　비닐 백

ビニールバック	

⑧ ライター　라이터

ライター	

⑨ スプレー　스프레이

スプレー	

⑩ ナイフ　칼

ナイフ	

Contents

공항라운지

ラウンジで

현장에서 실제로 사용하는 **항공서비스 일본어**

5과

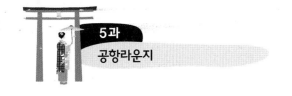
GS1 : ラウンジの場所は出国審査場の後ろにございます。

　　　　　　　　　　　　　　　라운지 위치(장소)는 출국수속장 뒷편에 있습니다.

客 : はい、どうも。　　　　　　　　　　네, 감사합니다.

GS2 : いらっしゃいませ。　　　　　　　　어서 오십시오.

　　　　搭乗券を拝見させていただきますか。　탑승권을 보여 주시겠습니까?

客 : どうぞ。　　　　　　　　　　　　　여기요.

GS2 : 何名様でしょうか。　　　　　　　　몇 분이십니까?

客 : 二人です。　　　　　　　　　　　　두 명입니다.

(카드 소지자인 경우)

GS2 : お連れの方は、お一人様までなっております。

　　　　　　　　　　　　　　　　동행자는 한 분까지 가능합니다.

　　　こちらにどうぞ。　　　　　　　이쪽으로 앉으세요.

客 : はい。ところで、お手荷物は どこに載せばいいですか。

　　　　　　　　　　　　　네, 그런데 짐은 어디에 두면 될까요?

GS2 : お手荷物はこちらのコートルームへお願い致します。

　　　　　　　　　　　　짐은 여기 코트룸(coat Room)안에 놓아 주십시오.

客 : 分かりました。　　　　　　　　　알겠습니다.

客：すみません。ホットコーヒー 一つとアイスコーヒー 一つお願いします。

　　　　　　저기요. 뜨거운 커피하나와 아이스커피 하나 부탁드려요.

GS2： はい、少々お待ち下さいませ。　　　네, 잠시만 기다려 주십시오.

GS2： どうぞ。　　　　　　　　　　　맛있게 드세요. (건네면서)

잠시 후

GS2：この後、102便大阪行きのご搭乗が始まりますので、ご利用のお客様は、

　　ご用意お願い致します。

　　잠시 후 102편 오사카행의 탑승이 시작되오니, 이용 승객께서는 준비해 주
　　시기 바랍니다.

▶ 단어 単語

▶ ラウンジ	라운지
▶ 場所	장소
▶ 出国	출국
▶ 審査場	심사장, 수속장
▶ 後ろ	뒤
▶ 拝見させる	보여주다

▶ 何名様 (なんめいさま)　　　　　　몇 분

▶ お連れの方 (つ・かた)　　　　　　동행자

▶ なっております　　　　　　되어 있습니다(가능합니다)

▶ お手荷物 (て・にもつ)　　　　　　짐, 수하물

▶ 載せば (の)　　　　　　　　놓아두면

▶ コートルーム　　　　　　　코트 룸

▶ ホットコーヒー　　　　　　뜨거운 커피(hot)

▶ アイスコーヒー　　　　　　아이스 커피(Ice)

▶ この後 (あと)　　　　　　　잠시 후

▶ 始まります (はじ)　　　　　　시작 됩니다

▶ ご利用のお客様 (りよう・きゃくさま)　　이용 승객

▶ ご用意 (ようい)　　　　　　　준비

✈ check point

공항 라운지(Airport Lounge)는 공항에서 비행기 탑승 전에 승객(1등석, 2등석, VIP)에게 편의를 제공하는 곳으로 VIP라운지라고도 한다. 회원증이나 탑승권을 제시하면 들어갈 수 있으며, 본인과 동반 1인이 무료로 입실 가능하다. 식음료와 편의 시설이 완비되어 있다.

▶ 문법

특별 경어: 동사의 규칙은 없고, 별도로 암기해야 한다

① 존경어
   - 상대방을 높이는 표현
   - 동작의 주체는 반드시 상대방이어야 한다.

ます ~합니다	의미	존경동사 정중형
来ます	오십니다	いらっしゃいます
行きます	가십니다	いらっしゃいます
います	계십니다	いらっしゃいます
言います	말씀하십니다	おっしゃいます
します	하십니다	なさいます
食べます	드십니다	召し上がります
くれます	주십니다	くださいます
見ます	보십니다	ご覧にはります
知っています	알고 계십니다	ご存じです

どうぞ、召し上がってください。　　　드세요.

医者がこうおっしゃいました。　　　의사선생님께서 이렇게 말씀하셨습니다.

② 겸양어
   - 나를 낮추어 상대방을 높이는 표현
   - 나, 내 가족, 내 직장 동료에 대해 외부 사람에게 이야기할 때

1. お+ 동사의 ます형 + いたします   (제가) ~해 드리겠습니다

   1) 書く(쓰다)→ お書きいたします   써 드리겠습니다

   2) 願う(부탁하다)→お願いいたします   부탁드리겠습니다

   3) 持つ(들다)→お持ちいたします   들어 드리겠습니다

2. ご+ 명사 + いたします   명사+ ~해 드리겠습니다

   1) 用意(준비)→ ご用意いたします   준비해 드리겠습니다

   2) 案内(안내)→ ご案内いたします   안내해 드리겠습니다

   3) 連絡(연락)→ ご連絡いたします   연락해 드리겠습니다

3. 특수 겸양어

ます ~합니다	의미	겸양동사 정중형
行きます	갑니다	まいります
来ます	옵니다	まいります
食べます	먹습니다	いただきます
言います	말합니다	申します
見ます	봅니다	拝見します
聞きます	듣습니다	うかがいます
会います	뵙니다	お目にかかります
上げます	드립니다	差し上げます
もらいます	받습니다	いただきます
します	합니다	いたします
思います	생각합니다	存じます

③ 정중어

상대방에게 정중한 말로 공손한 마음을 전하고자 할 때

원형	의미	정중어
です	입니다	でございます
あります・います	있습니다	ございます
ありません・いません	없습니다	ございません
どうですか	어떻습니까	いかがですか

▶ 공항 라운지에서 사용하는 단어들

ウーロン茶 우렁차　　コーヒー 커피　　紅茶 홍차

ジュース 주스　　ウォーター 워터(물)　　ビール 맥주

ワイン 와인　　アルコール 알코올　　コーラ 콜라

スナック 스낵　　クッキー 쿠키　　お飲み物 음료

カップラーメン 컵라면　　サンドイッチ 샌드위치　　新聞 신문

雑誌 잡지　　テレビ 텔레비전

インターネット 인터넷　　仮眠室 수면실

연습문제

1. 가타카나로 써 보시오.

1. 커피

2. 주스

3. 워터(물)

4. 맥주

5. 와인

6. 콜라

7. 알코올

8. 스낵

9. 쿠키

10. 컵라면

2. 겸양표현(~해 드리겠습니다)으로 만들어 보시오.

1) 読む(읽다)→

2) 願う(부탁하다)→

3) 連絡(연락)→

4) 用意(준비)→

 5과　주요 단어 써보기

① 場所 　장소

ばしょ	

② 出国 　출국

しゅっこく	

③ 審査場 　심사장, 수속장

しんさじょう	

④ 拝見させる 　보여주다

はいけんさせる	

⑤ 搭乗券 　탑승권

とうじょうけん	

⑥ ラウンジ　라운지

ラウンジ	

⑦ コートルーム　코트 룸

コートルーム	

⑧ ホットコーヒー　뜨거운 커피

ホットコーヒー	

⑨ アイスコーヒー　아이스 커피

アイスコーヒー	

⑩ カップラーメン　컵라면

カップラーメン	

Contents

게이트 업무

ゲート業務
<ruby>業<rt>ぎょう</rt>務<rt>む</rt></ruby>

현장에서 실제로 사용하는 **항공서비스 일본어**

6과

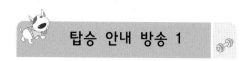

탑승 안내 방송 1

GS : BS航空よりご案内を申し上げます。　BS항공에서 안내 말씀드리겠습니다.

BS航空707便で、大阪へご出発のお客様は1番搭乗口よりご搭乗くださいませ。ありがとうございます。

BS항공 707편으로 오사카로 출발하시는 손님께서는 1번 탑승구로 탑승해 주십시오.

탑승 안내 방송 2

GS : お待たせいたしました。大阪行きBS707便をご利用のお客様は、1番搭乗口からご搭乗くださいませ。

오래 기다리셨습니다. BS707편을 이용하시는 승객께서는 1번 탑승구로부터 탑승해 주십시오.

최종 탑승 안내

GS : BS航空よりご搭乗の最終案内を申し上げます。

BS항공에서 마지막 탑승 안내를 말씀드리겠습니다.

BS航空707便で、大阪行きをご利用のお客様は飛行機がまもなく出発いた

しますので、お急ぎ1番搭乗口よりご搭乗くださいませ。ありがとうござい

ます。

BS항공 707편　오사카행을 이용하시는 손님께서는 비행기가 잠시 후에 출발

할 예정이오니, 속히 1번 탑승구로 탑승해 주십시오. 감사합니다.

 탑승 지연 안내 1

GS：BS航空よりご案内を申し上げます。　　BS항공에서 안내 말씀드리겠습니다.

BS航空707便は機体整備のため、15分ほど遅延の予定です。しばらくお待ち

下さい。ありがとうございます。

BS항공 707편은 기체정비로 인해 15분 정도 지연될 예정입니다. 잠시만 기다

려 주십시오. 감사합니다.

 탑승 지연 안내 2

GS：ソウルから大阪行きBS707便をご利用のお客様にご案内いたします。

　　　　서울 발 오사카행 707편을 이용하시는 승객께 안내 말씀드립니다.

悪天候のため、出発が遅れております。どうぞご了承くださいませ。

　　　　악천후로 인해 출발이 늦어지고 있습니다. 양해 부탁드립니다.

新しい搭乗時刻は、決まり次第ご案内いたします。

새 탑승시간은 결정되는 대로 안내해 드리겠습니다.

＊＊ 台風のため　　태풍으로 인해

　　雪のため　　　눈으로 인해

　　霧のため　　　안개로 인해

 승객 호출 안내

GS：BS航空よりお客様にお呼び出しをいたします。

BS항공에서 손님을 찾습니다.

BS航空707便で、大阪へご出発の高橋いちろ様、1番搭乗口よりご搭乗くださいませ。

BS항공 707편으로 오사카로 출발하시는 다카하시 이치로님은 서둘러 1번 탑승구로 탑승하여 주시길 바랍니다.

 게이트 안내

GS：大変、お待たせいたしました。搭乗券とパスポートをご用意ください。

많이 기다리셨습니다. 탑승권과 여권을 준비하여 주시기 바랍니다.

こちらはファーストクラスとビジネスクラスご利用のお客様専用でございます。

이쪽은 퍼스트클래스와 비즈니스 클래스 전용입니다.

エコノミークラスご利用のお客様はこちらです。こちらより、一列並びでお願いいたします。

이코노미 이용 손님께서는 이쪽입니다. 이쪽에서 한 줄로 서 주시기 바랍니다.

ありがとうございます。いってらっしゃいませ。

감사합니다. 잘 다녀 오십시오.

 우선 탑승 안내

GS：BS航空707便大阪行きはただいまより搭乗を開始いたします。お体の不自由なお客様、妊娠中のお客様、お子様づれのお客様からご搭乗ください。

BS항공 707편 오사카행은 지금부터 탑승을 시작하겠습니다. 몸이 불편하신 손님, 임신 중인 손님, 어린이를 동반하신 손님부터 탑승해 주십시오.

단어 単語

▶ 飛行機	비행기
▶ まもなく	바로, 잠시 후
▶ お急ぎ	서둘러, 속히
▶ 機体整備	기체 정비
▶ 遅延	지연
▶ 予定	예정
▶ 悪天候	악천후
▶ ～のため	～로 인해
▶ 遅れる	늦어지다
▶ ご了承	양해
▶ 新しい	새로운
▶ 時刻	시간, 시각
▶ 決まり次第	결정되는 대로
▶ 台風	태풍
▶ 雪	눈
▶ 霧	안개
▶ お呼び出し	호출
▶ 大変	많이
▶ ファーストクラス	퍼스트 클래스
▶ ビジネスクラス	비즈니스 클래스

▶ エコノミークラス	이코노미 클래스
▶ 専用	전용
▶ 一列	일열
▶ 並び	줄 서다
▶ いってらっしゃいませ	잘 다녀오십시오
▶ 開始	개시, 시작
▶ お体	몸
▶ 不自由な	불편하신, 부자유한
▶ 妊娠中	임신 중
▶ お子様づれ	어린이 동반
▶ 保安	보안

▶ 문법

~のため　~로(을/를) 인한(위해)

승객에게 어떠한 이유를 간단히 설명하고자 할 때 「명사+ のため」의 형태로 말할 수 있다.

雪のため、出発が遅れております。　눈으로 인해 출발이 지연되고 있습니다.

保安のため、ご搭乗券をお見せください。　보안을 위해 탑승권을 보여 주세요.

 6과 주요 단어 써보기

① 機体 기체

きたい	

② 整備 정비

せいび	

③ 遅延 지연

ちえん	

④ 悪天候 악천후

あくてんこう	

⑤ ご了承 양해

りょうしょう	

⑥ 台風　태풍

たいふう	

⑦ 開始　개시, 시작

かいし	

⑧　ファーストクラス　퍼스트 클래스

ファーストクラス	

⑨　ビジネスクラス　비즈니스 클래스

ビジネスクラス	

⑩　エコノミークラス　이코노미 클래스

エコノミークラス	

Contents

탑승 인사 및 좌석 안내

座席の案内
ざせき　　あんない

현장에서 실제로 사용하는 **항공서비스 일본어**

7과

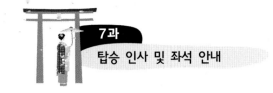

7과
탑승 인사 및 좌석 안내

※ ST: スチュワーデス(객실 승무원)

탑승 인사 및 좌석 안내 1

ST : ご搭乗ありがとうございます。　　　　　탑승해 주셔서 감사합니다.

　　　何番ですか。　　　　　　　　　　　　몇 번이십니까?

客 : 35のAです。　　　　　　　　　　　　35 A입니다.

ST : こちらへどうぞ。　　　　　　　　　　이쪽으로 가십시오.

客 : どうも。　　　　　　　　　　　　　　감사합니다.

탑승 인사 및 좌석 안내 2

ST : おはようございます/ こんにちは/ こんばんは。　안녕하십니까?
　　　ご搭乗券をお見せください。　　　　　　　　　　탑승권을 보여 주십시오.

客 : これ。　　　　　　　　　　　　　　　　　　　　이거.

ST : 41のEでございますね。こちらの通路をお進みください。

　　　　　　　　　　　　　　　　41 E이네요. 이쪽 통로로 쭉 들어가십시오.

 탑승 인사 및 좌석 안내 3

ST : いらっしゃいませ。　　　　　　　　　　어서 오십시오.

ご搭乗券をお願いします。　　　　　　　탑승권을 부탁합니다.

客 : はい。　　　　　　　　　　　　　　　네.

ST : 38のBは向う側です。　　　　　　　38B는 맞은편입니다.

客 : どうも。　　　　　　　　　　　　　감사합니다.

 수하물 정리 2

ST : 失礼いたします。　　　　　　　　　실례합니다.

安全のため手荷物は上の棚にお願いいたします。

안전을 위해 짐은 위의 선반에 부탁드립니다.

客 : はい、わかりました。　　　　　　　네, 알겠습니다.

ST : ありがとうございます。　　　　　　감사합니다.

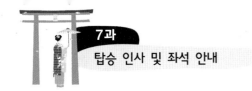
 수하물 정리 2

客 : あの、すみません。手伝いお願いします。　　저, 죄송합니다. 도와주세요.

ST : 申し訳ございません。少々お待ち下さいませ。

　　　　　　　　　　　　　　　　　죄송합니다. 잠시만 기다려 주십시오.

客 : ええ。　　　　　　　　　　　네.

ST : お待たせいたしました。ここはスペースがございません。

　　　　　　　오래 기다리셨습니다. 여기는 공간이 없습니다.

　それでは、手荷物は前の座席の下にお入れ下さい。

　　　　　　그러시면 수하물은 앞좌석 밑에 넣어 주십시오.

▶ 단어 単語(たんご)

▶ 搭乗券(とうじょうけん)	탑승권
▶ お見(み)せください	보여 주세요(見(み)せる)
▶ お進(すす)みください	쭉 들어가 주세요
▶ 向(むこ)う側(がわ)	맞은 편
▶ 上(うえ)の棚(たな)	위 선반
▶ 手伝(てつだ)い	도움
▶ スペース	스페이스(공간)
▶ 前(まえ)の座席(ざせき)	앞좌석
▶ お入(い)れ下(くだ)さい	넣어 주십시오
▶ 際(さい)	~때
▶ すべり出(で)る	미끌어져 나오다
▶ 十分(じゅうぶん)	충분히
▶ ご注意(ちゅうい)ください	조심해 주세요

▶ 문법

1. 숫자 4, 7, 9는 비행기 편명, 좌석번호, 전화번호를 읽을 때는 「よん・なな・きゅう」로 읽는다.

2. 숫자 0 읽는 법

-영(れい): 시간　れい時

-ゼロ(zero): 전화번호

010-8765-4321　　ゼロいちゼロの　はちななろくごの　よんさんにいち

＊전화번호는 하나씩 읽고, 국번 사이에는 の를 넣어 읽는다.

-まる(동그라미): 비행기 편명, 방 번호

2077편 → に まる なな なな 便

1003호 → いち まる まる さん 号

3. 좌석 번호 읽는 법

일본어로는 좌석번호를 읽을 때 「숫자+ の+ 알파벳」 형태로 읽는다.

35のA さんじゅうご　の　えー

38のB　さんじゅうはち　の　びー

41のC　よんじゅういち　の　しー

4. 큰 숫자

(10~100)

10	20	30	40	50
じゅう	にじゅう	さんじゅう	よんじゅう	ごじゅう
60	70	80	90	100
ろくじゅう	ななじゅう	はちじゅう	きゅうじゅう	ひゃく

(100~1,000)

100	200	300	400	500
ひゃく	にひゃく	さんびゃく	よんひゃく	ごひゃく
600	700	800	900	1000
ろっぴゃく	ななひゃく	はっぴゃく	きゅうひゃく	せん

(1,000~10,000)

1000	2000	3000	4000	5000
せん	にせん	さんぜん	よんせん	ごせん
6000	7000	8000	9000	10000
ろくせん	ななせん	はっせん	きゅうせん	いちまん

☆ 기내 방송

皆様、おはようございます。　　　　　　　손님 여러분, 안녕하십니까?

この飛行機は2201便東京行きでございます。

　　　　　　　　　　　이 비행기는 동경까지 가는 2201편입니다.

皆様の安全のためお荷物は上の棚、または、お座席の下にお置き下さい。

여러분의 안전을 위해 짐은 선반 위나 좌석 밑에 놔 주시기 바랍니다.

また、上の棚をお開けになる際には、荷物がすべり出ることがございます

ので、十分ご注意ください。ありがとうございます。

또한 선반을 여실 때는 먼저 넣은 물건이 떨어지지 않도록 조심해 주십시오.
감사합니다.

7과 주요 단어 써보기

① 向う側 맞은 편

むこうがわ	

② 上の棚 위 선반

うえのたな	

③ 飛行機 비행기

ひこうき	

④ 際 ~때

さい	

⑤ 安全 안전

あんぜん	

⑥ 十分〔じゅうぶん〕 충분히

じゅうぶん	

⑦ 注意〔ちゅうい〕 조심

ちゅうい	

⑧ 手伝い〔てつだ〕 도움

てつだい	

⑨ スペース 스페이스(공간)

スペース	

⑩ インフォメーションセンター 안내센터

インフォメーションセンター

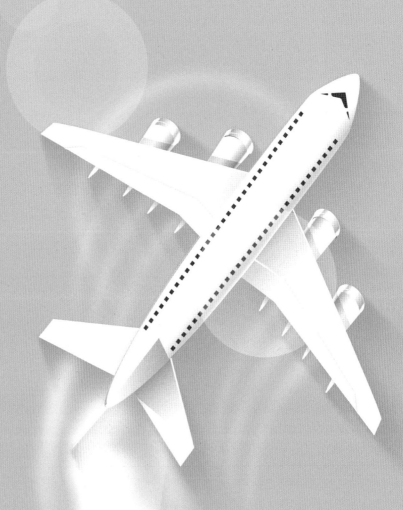

Contents

기내 시설 안내 및 서비스

<ruby>機<rt>き</rt>内<rt>ない</rt></ruby>サービス

8과

비상구 안내

ST : 失礼いたしますが、こちらは非常口座席でございます。

　　　　　　　　　　　　　　실례합니다만, 이 자리는 비상구 좌석입니다.

非常時には乗務員の援助をお願いいたします。

　　　　　　　　　　　　　　비상시에는 승무원을 도와주셔야합니다.

いかがですか。　　　　　　　도와주시겠습니까?

客 : えーわかりました。　　　　네, 알겠습니다.

ST : ありがとうございます。こちらのご案内をどうぞ。

　　　　　　　　　　　　　　감사합니다. 여기에 있는 안내문을 봐주시기 바랍니다.

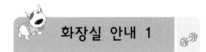

화장실 안내 1

客 : あの、お手洗いはどこですか。　　　저, 화장실은 어디인가요?

ST : あちらです。まっすぐ行ってください。　저기입니다. 곧장 가시기 바랍니다.

客 : どうも。　　　　　　　　　　　　　감사합니다.

화장실 안내 2

ST : お客様、恐れいりますが、こちらはファストクラス専用のでございます

　　　　　　　　　손님, 실례합니다만, 여기는 퍼스트클래스 전용입니다.

客 : あ、そうですか。　　　　　　　　　　아-, 그래요?

ST : 後ろのお手洗いを使ってくださいませ。　뒤 화장실을 사용하시기 바랍니다.

客 : 分かりました。　　　　　　　　　　알겠습니다.

화장실 안내 3

ST : お客様、お座りください。　　　　　손님, 앉아 주십시오.

客 : ちょっとトイレを...。　　　　　　화장실을 좀...

ST : 申し訳ございませんが、ただいま、離陸いたしますので、シートベルトをお

　　締めください。　　　죄송합니다만, 지금 이륙하오니 안전벨트를 매 주세요.

客 : 分かりました。　　　　　　　　　　알겠습니다.

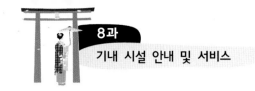

담요 서비스

客：すみません。毛布いただけますか。　　여기요. 담요 주실 수 있나요?

ちょっと寒いです。　　　　　　　　좀 춥네요.

ST：はい。お持ちいたします。　　　　네, 가져다 드리겠습니다.

잠시 후

ST：お待たせいたしました。どうぞ。　오래 기다리셨습니다. 여기 있습니다.

客：はい。どうも。　　　　　　　　　네, 감사합니다.

물수건 서비스

ST：おしぼりでございます。どうぞ。　　물수건입니다. 여기요.

熱いですので、ご注意くださいませ。　뜨거우니 조심하시기 바랍니다.

신문 서비스

ST：お呼びでしょうか。　　　　　　　　부르셨습니까?

客：あの、韓国の新聞はありませんか。　저, 한국 신문은 없나요?

ST : 申し訳ございませんが、全部出てしまいました。

죄송합니다만, 다 나갔습니다.

お客様、代わりに韓国の雑誌はいかがでしょうか。

손님, 대신 한국 잡지는 어떠십니까?

客 : はい、お願いします。　　　　네, 갖다 주세요.

ST : かしこまりました。　　　　알겠습니다.

 영화 서비스

客 : すみません。映画はいつから上映しますか。

실례합니다만, 영화는 언제부터 상영하나요?

ST : 食事の後でございます。　　　식사 후입니다.

客 : 何の映画ですか。　　　　　무슨 영화인가요?

ST : こちらのパンフレットをどうぞ。　이 팸플릿을 보시기 바랍니다.

 기타 서비스

ST : アメニティーキットとイヤホーンでございます。いかがですか。

편의물품과 이어폰입니다.

客 : はい。どうも。　　　　　네, 주세요.

ST : どうぞ。　　　　　　　여기 있습니다.

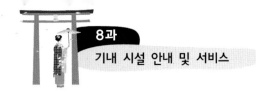

8과
기내 시설 안내 및 서비스

입국서류 안내

ST : 韓国までいらっしゃいますか。 　　　　　한국까지 가십니까?

客 : はい。　　　　　　　　　　　　　　　네.

ST : 入国カードと税関申告書でございます。　입국카드와 세관신고서입니다.

客 : はい。どうも。　　　　　　　　　　　네, 주세요.

ST : 税関申告書はご家族に1枚です。　　　　세관신고서는 가족 당 1장입니다.

▶ 단어 単語

▶ 非常口　　　　　　　비상구

▶ 非常時　　　　　　　비상 시

▶ 乗務員　　　　　　　승무원

▶ 援助　　　　　　　　도움

▶ お手洗い　　　　　　화장실(=トイレ)

▶ まっすぐ　　　　　　곧장

▶ 専用　　　　　　　　전용

▶ 使う　　　　　　　　사용하다

▶ 分かりました	알겠습니다
▶ お座りください	앉아 주십시오
▶ ちょっと	좀, 조금
▶ ただいま	지금
▶ シートベルト	좌석벨트
▶ 毛布	담요
▶ いただけますか	받을(주실)수 있습니까
▶ おしぼり	물수건
▶ 熱い	뜨겁다
▶ ～ので	～이므로, 이니까
▶ 出てしまいました	나가버렸습니다
▶ 代わりに	대신에
▶ 映画	영화
▶ 上映	상영
▶ 食事の後	식사 후
▶ パンフレット	팸플릿
▶ アメニティーキット	편의물품(Amenity Kit)
▶ イヤホーン	이어폰
▶ 入国カード	입국 카드
▶ 税関申告書	세관 신고서

✈ 휴대용 전자기기 사용 안내

* フライトモードにされた電子機器類(スマートフォン・タブレットPC・PDA)は離着陸を含め、いつでもご使用いただけます。

비행모드로 설정된 모든 휴대용 전자기기(Smart Phone, Tablet PC, PDA 등)는 모든 비행구간에서 사용 가능합니다.

* 電子機器が座席間に挟まった場合、破損や火事の危険性がございますので、ご注意ください。

휴대용 전자기기가 좌석 사이에 끼면 파손되어 화재가 발생할 수 있으니 보관 시 주의해 주시기 바랍니다.

* TV・AM/FMラジオ・無線操縦出来るおもちゃなどは機内での使用は禁止しております。

TV, AM/FM 라디오, 무선조종 장난감 등은 비행 전구간 사용이 금지됩니다.

* 電子機器の使用制限に関して、乗務員から別途案内があった際にはそれに遵守してください。

승무원의 요청 시 전자기기 사용이 제한 될 수 있습니다.

1. 부사 정리

① いっぱい　　　가득

② いちばん　　　가장, 제일

③ しっかり　　　꽉, 단단히

④ しばらく　　　잠시, 잠깐

⑤ すっかり　　　완전히

⑥ まだ　　　　　아직

⑦ もう　　　　　이미, 벌써

⑧ もっと　　　　더

⑨ もちろん　　　물론

⑩ たしか　　　　아마, 틀림없이

⑪ ずっと　　　　쭉, 계속

⑫ もうすぐ　　　이제 곧

⑬ やはり　　　　역시

⑭ なかなか　　　좀처럼(부정)

⑮ ときどき　　　때때로

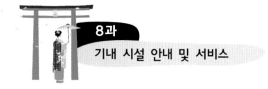
연습문제

① ずっと _____

② やはり _____

③ なかなか _____

④ もうすぐ _____

⑤ もっと _____

⑥ ときどき _____

⑦ たしか _____

⑧ すっかり _____

⑨ もちろん _____

⑩ もう _____

⑪ いっぱい _____

⑫ しばらく _____

⑬ いちばん _____

⑭ しっかり _____

⑮ まだ _____

 8과 주요 단어 써보기

① 非常口 ^{ひじょうぐち} 비상구

ひじょうぐち	

② 乗務員 ^{じょうむいん} 승무원

じょうむいん	

③ 専用 ^{せんよう} 전용

せんよう	

④ 援助 ^{えんじょ} 도움

えんじょ	

⑤ 禁止 ^{きんし} 금지

きんし	

⑥ 税関申告書　세관 신고서

ぜいかん しんこくしょ	

⑦ シートベルト　좌석벨트

シートベルト	

⑧ パンフレット　팸플릿

パンフレット	

⑨ アメニティーキット　편의물품(Amenity Kit)

アメニティーキット	

⑩ フライトモード　비행모드

フライトモード	

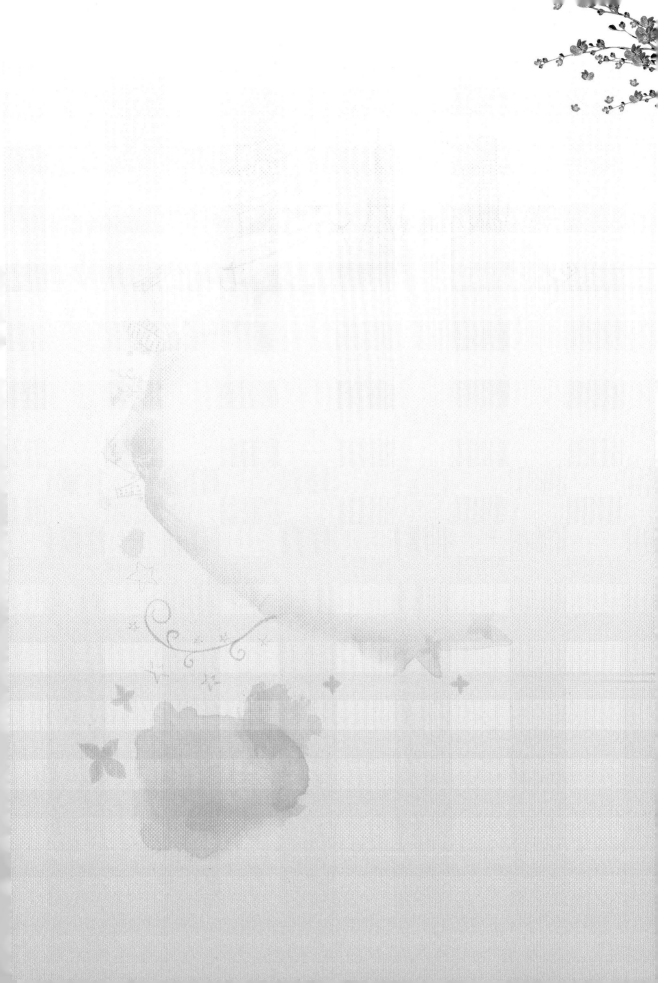

Contents

이륙 안내

<ruby>離<rt>り</rt>陸<rt>りく</rt></ruby>の<ruby>案<rt>あん</rt>内<rt>ない</rt></ruby>

9과

이륙 안내

ST : ご搭乗の皆様、こんにちは。　　　　손님 여러분, 안녕하십니까?

東京までの飛行時間は1時間55分予定しております。

동경까지의 비행시간은 1시간 55분 걸린 예정입니다.

本日は、機長をはじめ、私ども乗務員が皆様を東京までご案内いたします。

오늘 기장을 비롯한 저희 승무원들이 여러분을 동경까지 정성껏 모시겠습니다.

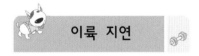

이륙 지연

本日は悪天候のため出発がおくれましたことをお詫びもうしあげます。

＊＊天候の関係で　기상조건　この空港のこい霧のため　공항의 짙은 안개

空港タミナールの混雑のため 공항 터미널의 혼잡으로 ＊＊

なお、まもなく安全に関するビデオを上映いたします。

前のスクリンをご覧くださいませ。

이제 곧 안전에 관한 비디오를 상영하시겠습니다.
앞 스크린을 봐주시기 바랍니다.

なお、まもなく乗務員が安全に関するご案内いたします。

どうぞ、ご覧くださいませ。

이제 곧 승무원이 안전에 관하여 알려드리겠습니다.
봐주시기 바랍니다.

本日もBS航空をご利用いただき、誠にありがとうございます。

오늘도 BS항공을 이용해 주셔서 대단히 감사합니다.

この飛行機はBS航空、ジェジュー行き739便でございます。

이 비행기는 BS항공, 제주행 739편입니다.

目的地のジェジューまでの飛行時間は、離陸から約1時間予想されます。

목적지인 제주공항까지의 비행시간은 이륙으로부터 약 1시간 예상됩니다.

お荷物は上棚、他は座席の下にお入れください。

짐은 위쪽 선반, 혹은 좌석아래에 넣어 주십시오.

そして、シートベルトを着用してください。

그리고 안전벨트를 착용해 주십시오.

この飛行機はまもなく出発いたします。

이 비행기는 곧 출발합니다.

トイレをはじめ機内では禁煙をお願いいたします。

화장실을 비롯한 기내에서는 금연을 부탁 드립니다.

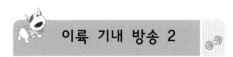

이륙 기내 방송 2

皆様、こんにちは。　　　　　　　손님 여러분, 안녕하십니까?

本日もBS航空をご利用くださいまして、誠にありがとうございます。

　　　　　　　　　　오늘도 BS항공을 이용해 주셔서 대단히 감사합니다.

皆様のご搭乗を心より歓迎いたします。　여러분의 탑승을 진심으로 환영합니다.

この飛行機はBS600便沖縄行きでございます。

　　　　　　　　　　　　　　　　　이 비행기는 오키나와행 BS 600편입니다.

皆様の安全のため、お荷物は上の棚、または、お座席の下にお置きください。

손님의 안전을 위해 가지고 계신 짐은 위 선반이나 앞 좌석 밑에 넣어주시기 바랍니다.

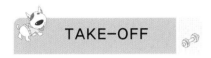

TAKE-OFF

皆様、　　　　　　　　　　　　　　　손님 여러분,

この飛行機はまもなく離陸いたします。　저희 비행기는 곧 이륙하겠습니다.

もう一度、シートベルトを確認してくださいませ。

　　　　　　　　　　좌석벨트를 매셨는지 다시 한 번 확인해 주십시오.

ありがとうございます。　　　　　　　감사합니다.

TURBULENCE(난기류)

皆様、   손님 여러분,

① これより、気流の悪いところを通過する予定です。

이제부터 기류가 안 좋은 곳을 통과할 예정이므로 (기류변화) 비행기가 흔들릴 것으로 예상됩니다.

② ただいま、気流の悪いところを通過しております。

지금 기류가 안 좋은 곳을 통과하므로 비행기가 흔들리고 있습니다.

シートベルトをしっかりとお締めくださいませ。

여러분의 안전을 위해 자리에 앉아 좌석벨트를 단단히 매 주시기 바랍니다.

ありがとうございます。   감사합니다.

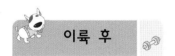

이륙 후

皆様、ただいまシートベルト着用のサインが消えましたが、急な気流の変化にそなえお座席にお付の際は、シートベルトをお締めくださいませ。

손님 여러분, 방금 좌석벨트 사인이 꺼졌습니다만, 갑작스러운 기류변화로 인해 비행기가 흔들릴 수 있으니, 자리에 앉아 계실 때는 항상 좌석벨트를 매 주시기 바랍니다.

▶ 단어 単語(たんご)

▶ 時間(じかん)	시간
▶ 予定(よてい)	예정
▶ 機長(きちょう)	기장
▶ はじめ	비롯해
▶ 私(わたくし)ども	저희
▶ 天候(てんこう)	기후
▶ 関係(かんけい)	관계
▶ こい霧(きり)	짙은 안개
▶ 空港(くうこう)タミナール	공항 터미널

▶ 混雑	혼잡
▶ ビデオ	비디오
▶ スクリン	스크린
▶ ご覧くださいませ	봐 주십시오
▶ ～に関する	～에 관한
▶ 誠に	대단히
▶ 予想	예상
▶ 着用	착용
▶ 禁煙	금연
▶ 心より	진심으로
▶ 歓迎	환영
▶ もう一度	다시 한 번
▶ 確認	확인
▶ 気流	기류
▶ 悪いところ	나쁜 곳
▶ 通過	통과
▶ しっかりと	꽉, 단단히
▶ 消える	꺼지다
▶ 変化	변화

✈ C안전에 관한 사항

お客様、お座席をもとの位置にお戻しください。

손님, 좌석을 원 위치로 되돌려 주십시오.

テーブルをお戻しください。　　　　　　테이블을 되돌려 주십시오.

アームレストをお戻しください。　　　　팔걸이를 되돌려 주십시오.

フットレストをお戻しください。　　　　발 받침대를 되돌려 주십시오.

ブラインドをお開けください。　　　　창문 덮개를 열어 주십시오.

お客様、お座席にお付きください。　　손님, 좌석에 앉아 주십시오.

▶ 문법

1. 접속사 정리

①	では	그럼
②	それで	그래서
③	そして	그리고
④	それに	게다가
⑤	それから	그리고 나서
⑥	だから	그래서
⑦	しかし	그러나, 하지만
⑧	しかも	게다가
⑨	さらに	더욱더
⑩	さて	그건 그렇고
⑪	また	또, 게다가
⑫	ところで	그건 그렇고
⑬	つまり	즉
⑭	および	및, 과
⑮	または	또는, 혹은

2. 의문사 정리

①	いつ	언제
②	だれ	누가
③	どこ	어디
④	なに	무엇
⑤	いくら	얼마
⑥	いくつ	몇 개
⑦	なぜ	왜
⑧	どうして	어째서

연습문제

1. 빈칸에 알맞은 단어를 쓰시오.

1. お座席を_____にお戻しください。

   좌석을 <u>원 위치</u>로 되돌려 주십시오.

2. _____ をお戻しください。

   <u>팔걸이</u>를 되돌려 주십시오.

3. _____をお戻しください。

   <u>테이블</u>을 되돌려 주십시오.

4. _____をお戻しください。

   <u>발 받침대</u>를 되돌려 주십시오.

5. _____をお開けください。

   <u>창문 덮개</u>를 열어 주십시오.

6. お座席に_____。

   좌석에 <u>앉아</u> 주십시오.

2. 접속사의 뜻을 쓰시오.

① それで _____

② しかも _____

③ また _____

④ それに _____

⑤ および _____

⑥ だから _____

⑦ しかし _____

⑧ では _____

⑨ または _____

⑩ さて _____

⑪ そして _____

⑫ ところで _____

⑬ つまり _____

⑭ さらに _____

⑮ それから _____

3. 의문사의 뜻을 쓰시오.

① いくら _____

② どうして _____

③ なぜ _____

④ いくつ _____

⑤ いつ _____

⑥ なに _____

⑦ どこ _____

⑧ だれ _____

 9과   주요 단어 써보기

① 機長   기장

きちょう	

② 関係   관계

かんけい	

③ 混雑   혼잡

こんざつ	

④ 禁煙   금연

きんえん	

⑤ 確認   확인

かくにん	

⑥ ビデオ　비디오

ビデオ	

⑦ テーブル　테이블

テーブル	

⑧ アームレスト　팔걸이

アームレスト	

⑨ フットレスト　발 받침대

フットレスト	

⑩ ブラインド　블라인드

ブラインド	

Contents

식음료서비스

<ruby>機<rt>き</rt>内<rt>ない</rt></ruby>サービス

현장에서 실제로 사용하는 **항공서비스 일본어**

10과

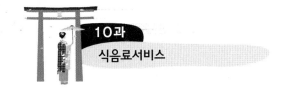

 음료 서비스 1

ST : お客様、お飲み物はいかがですか。　　　　　손님, 음료 드시겠습니까?

　　ジュース、コーラ、コーヒーと紅茶がございますが、何になさいますか。
　　주스, 콜라, 커피와 홍차가 있습니다만, 어떤 것으로 드시겠습니까?

客 : じゃ、コーヒーください。　　　　　　　　그럼, 커피 주세요.

ST : クリームとお砂糖はいかがですか。　　　　크림과 설탕은 어떻습니까?

客 : ええ。お願いします。　　　　　　　　　예, 주세요.
　　/いいえ、いらないです。　　　　　　　아니오, 필요 없어요.

ST : はい、かしこまりました。　　　　　　　네, 알겠습니다.

　　熱いですので、ご注意ください。　　　　　뜨거우니 주의하십시오.

 음료 서비스 2

ST : お客様、お飲み物はいかがですか。　　　　　손님, 음료 드시겠습니까?

客 : あの、ビールはありませんか。　　　　　저, 맥주는 없나요?

ST : ございますが。どのビールになさいますか。

　　　　　　　　　　　　　　　　　있습니다만, 어느 맥주로 하시겠습니까?

客 : うん、キリンお願いします。　　　　　　　음, 기린 맥주주세요.

ST : はい、どうぞ。　　　　　　　　　　　　네, 여기 있습니다.

 승무원이 음료를 쏟았을 경우

客 : あっ、冷たい。　　　　　　　　　　　　아, 차가워!

ST : お客様、申し訳ございません。　　　　　손님, 죄송합니다.

客 : 大丈夫です。　　　　　　　　　　　　　괜찮아요.

ST : すみません。タオルをすぐお持ちします。

　　　　　　　　　　　죄송합니다, 타월을 바로 갖고 오겠습니다.

　　 少々お待ちください。　　　　　　　　　잠시만 기다려 주십시오.

ST : はい、どうぞ。　　　　　　　　　　　　네, 여기 있습니다.

　　 そして、これはクリーニングクーポンでございます。

　　　　　　　　　　　그리고, 이것은 클리닝 쿠폰입니다.

客 : どうも。　　　　　　　　　　　　　　　고마워요.

ST : 本当に申し訳ございませんでした。　　　정말로 죄송했습니다.

 식사 서비스 1

ST : お食事でございます。 　　　　　　　　　식사입니다.

　　ビーフとチキンがございますが、どちらになさいますか。

　　　　　　　　　　　소고기와 닭고기가 있습니다만, 어느 것으로 하시겠습니까?

客 : ビーフ、ください。 　　　　　　　　　소고기 주세요.

　　あ、それと　お水もください。 　　　　아, 그리고 물도 주세요.

ST : はい、どうぞ。 　　　　　　　　　　네, 여기 있습니다.

 식사 서비스 2

ST : おしぼりでございます。 　　　　　　　물수건입니다.

　　熱いですので、ご注意ください。 　　　뜨거우니 주의하십시오.

客 : はい。 　　　　　　　　　　　　　　네.

ST : お食事でございます。どうぞ。 　　　식사입니다. 여기요.

客 : はい。どうも。 　　　　　　　　　　네, 감사합니다.

ST : 紅茶とコーヒーがございますが。 　　홍차와 커피가 있습니다만…

客：紅茶ください。 홍차 주세요.

ST：カップをお願い致します。 컵을 주세요.

熱いですので、お気をつけてください。 뜨거우니 조심해 주십시오.

(회수 할 경우)

ST：お済ですか。お下げいたします。 다 드셨습니까? 치우겠습니다.

 와인 서비스

ST：ワインはいかがですか。 赤と白がございます。
와인은 어떠십니까? 레드와 화이트가 있습니다.

客：赤で、お願いします。 레드로 부탁합니다.

ST：はい、かしこまりました。 네, 알겠습니다.

他にご必要なものはございませんか。 다른 필요한 것은 없으십니까?

客：はい。おつまみ、お願いします。 네, 안주 부탁합니다.

ST：どうぞ、ごゆっくり。 그럼, 천천히 드세요.

✈ 서비스되는 식음료

オレンジジュース 오렌지 주스	マンゴジュース 망고 주스
みかんジュース 귤 주스	トマトジュース 토마토 주스
コーラ 콜라	スプライト 스프라이트(사이다)
ダイエットコーラ 다이어트 콜라	ドリンク 음료
コーヒー 커피	紅茶 홍차
お茶 녹차	ソフトドリンク 탄산음료
お水 물	ミネラルウォーター 미네랄 워터(생수)
ソフトドリンク 탄산음료	サラダ 샐러드
サンドイッチ 샌드위치	パン 빵
機内食 기내식	減塩食 저염식
野菜食 채식	デザート디저트

▶ 단어 単語

▶ お飲み物	음료
▶ ジュース	주스
▶ コーラ	콜라
▶ 紅茶	홍차
▶ ～に なさいますか	～으로 하시겠습니까

▶	クリーム	크림
▶	お砂糖 <ruby>砂糖<rt>さとう</rt></ruby>	설탕
▶	いらないです	필요 없습니다
▶	<ruby>冷<rt>つめ</rt></ruby>たい	차갑다
▶	<ruby>大丈夫<rt>だいじょうぶ</rt></ruby>	괜찮다
▶	タオル	타월(towel)
▶	すぐ	바로
▶	クリーニングクーポン	클리닝 쿠폰
▶	<ruby>本当<rt>ほんとう</rt></ruby>に	정말로
▶	ビーフ	소고기(beef)
▶	チキン	닭고기(chicken)
▶	お<ruby>水<rt>みず</rt></ruby>	물
▶	カップ	컵(cup)
▶	お<ruby>気<rt>き</rt></ruby>をつけてください	조심해 주십시오
▶	お<ruby>済<rt>すみ</rt></ruby>ですか	다 드셨습니까
▶	お<ruby>下<rt>さ</rt></ruby>げいたします	치우겠습니다
▶	ワイン	와인
▶	<ruby>赤<rt>あか</rt></ruby>	레드
▶	<ruby>白<rt>しろ</rt></ruby>	화이트
▶	<ruby>他<rt>ほか</rt></ruby>に	다른
▶	ご<ruby>必要<rt>ひつよう</rt></ruby>な	필요한
▶	もの	것
▶	おつまみ	안주

▶ 문법

1. ~は いかがですか　　～은 어떠십니까?
　　*どうですか의 정중한 표현

お飲み物はいかがですか。　　　　　　　손님, 음료 드시겠습니까?(어떠십니까?)

クリームとお砂糖はいかがですか。　　　크림과 설탕은 어떠십니까?

ワインはいかがですか。　　　　　　　　와인은 어떠십니까?

2. ~に なさいますか　　～으로 하시겠습니까?
　　*~にしますか의 경어 표현

何になさいますか。　　　　　　　　　　무엇으로 하시겠습니까?

どちらになさいますか。　　　　　　　　어느 것으로 하시겠습니까?

どのビールになさいますか。　　　　　　어느 맥주로 하시겠습니까?

3. ~が ございます　　　～이/가 있습니다
　　*あります의 정중한 표현

ジュース、コーラ、コーヒーと紅茶がございますが、何になさいますか。

주스, 콜라, 커피와 홍차가 있습니다만, 어떤 것으로 드시겠습니까?

ビーフとチキンがございますが、どちらになさいますか。

소고기와 닭고기가 있습니다만, 어느 것으로 하시겠습니까?

4. 명사+ ございます　　　~입니다

　　*です의 정중한 표현

おしぼり<u>でございます</u>。　　　　　　물수건입니다.

お<ruby>食事<rt>しょくじ</rt></ruby><u>でございます</u>。 どうぞ。　　　　식사입니다. 여기요.

 10과 주요 단어 써보기

① お<ruby>砂糖<rt>さとう</rt></ruby> 설탕

おさとう	

② <ruby>大丈夫<rt>だいじょうぶ</rt></ruby> 괜찮다

だいじょうぶ	

③ <ruby>本当<rt>ほんとう</rt></ruby> 정말

ほんとう	

④ <ruby>他<rt>ほか</rt></ruby>に 다른

ほかに	

⑤ <ruby>必要<rt>ひつよう</rt></ruby>な 필요한

ひつような	

⑥ クリーム　　크림

クリーム	

⑦ ビーフ　　소고기

ビーフ	

⑧ チキン　　닭고기

チキン	

⑨ カップ　　컵

カップ	

⑩ クリーニングクーポン　　클리닝 쿠폰

クリーニング クーポン	

Contents

기내 면세품 판매

<ruby>機<rt>き</rt>内<rt>ない</rt></ruby>の<ruby>免<rt>めん</rt>税<rt>ぜい</rt>品<rt>ひん</rt>販<rt>はん</rt>売<rt>ばい</rt>

현장에서 실제로 사용하는 **항공서비스 일본어**

11과

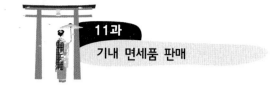

  기내 판매 1

ST : 機内販売でございます。　　　　　　　기내 판매입니다.

　　免税品のご注文はございませんか。　면세품 주문은 없으십니까?

客 : すみません。この時計はいくらですか　여기요. 이 시계 얼마에요?

ST : ウォンでは23万ウォン、USドルでは200ドルでございます。

　　　　　　　　　　　　　　　원으로는 23만원, 미국 달러로는 200달러입니다.

客 : それじゃ、これください。　　　　　그럼, 이것 주세요.

ST : 現金でございますか。　　　　　　　현금이십니까?

客 : はい。　　　　　　　　　　　　　　네.

ST : 300,000万ウォンお預かりいたします。　30만원 받았습니다.

　　7万ウォンのおつりでございます。　거스름돈 7만원입니다.

　　お確かめください。　　　　　　　　확인해 주십시오.

  기내 판매 2

ST : お客様、カードお預かりいたします。　손님, 카드 받았습니다.

　　こちらにお名前とサインお願いいたします。

　　　　　　　　　　　　　　여기에 성함과 사인을 부탁드립니다.

ST : カードとレシートでございます。　　카드와 영수증입니다.
　　ありがとうございました。　　　　　감사합니다.

▶ <ruby>機内<rt>きない</rt></ruby>	기내
▶ <ruby>販売<rt>はんばい</rt></ruby>	판매
▶ <ruby>免税品<rt>めんぜいひん</rt></ruby>	면세품
▶ ご<ruby>注文<rt>ちゅうもん</rt></ruby>	주문
▶ <ruby>時計<rt>とけい</rt></ruby>	시계
▶ ウォン	원(won)
▶ ドル	달러(dollar)
▶ <ruby>現金<rt>げんきん</rt></ruby>	현금
▶ おつり	거스름돈
▶ お<ruby>確<rt>たし</rt></ruby>かめください	확인해 주십시오
▶ カード	카드(card)
▶ レシート	영수증(receipt)
▶ カート	카트(cart)
▶ <ruby>担当<rt>たんとう</rt></ruby>	담당
▶ お<ruby>知<rt>し</rt></ruby>らせ<ruby>下<rt>くだ</rt></ruby>さい	알려 주십시오
▶ なお	또한
▶ お<ruby>手元<rt>てもと</rt></ruby>	바로 앞, 자기 주위
▶ <ruby>案内書<rt>あんないしょ</rt></ruby>	안내서
▶ また	아울러

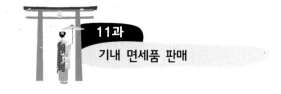

기내 방송

ご案内いたします。   안내말씀 드리겠습니다.

ただ今より免税品の販売をいたします。

저희 BS항공에서는 손님 여러분의 쇼핑 편의를 위해 면세품을 준비했습니다.

ご希望の客様は販売カートが参りました際、担当乗務員にお知らせ下さい。

구입을 원하시는 분께서는 저희 기내 판매대가 지날 때에 말씀을 주시기 바랍니다.

なお、お手元に案内書が入っております。

또한, 상품에 대한 자세한 사항은 좌석 앞주머니 속의 기내지를 참고해 주십시오.

また、BS AIRではお帰りの便の免税品をご予約いただけますので、ご希望の客
様は乗務員までお知らせ下さい。

아울러 저희 BS항공에서는 면세품 사전 주문제를 운영하고 있습니다.
다음 여행에 필요한 면세품을 미리 주문하실 분께서는 저희 승무원에게 말씀해 주
십시오.

ありがとうございます。   감사합니다.

[조사의 정리]

～は	～은/는
～が	～이/가
～を	～을/를
～も	～도, 이나
～に	～에(동작의 도달점)/～에게/으로
～へ	～에(동작의 방향)/으로
～で	～에서/으로(장소, 수단)/ 때문에
～と	～와/과
～から	～부터,에서/이니까(원인)
～まで	～까지
～より	보다(비교)/～부터(시작)
～ので	～이므로
～の	～것, 거야?
～ぐらい	～정도
～でも	～(이)라도
～とか	～이나,～든지
～だけ	～만
～ばかり	～만, 뿐

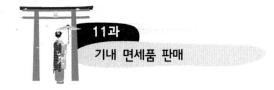

11과
기내 면세품 판매

 11과 주요 단어 써보기

① 販売 판매

はんばい	

② 免税品 면세품

めんぜいひん	

③ 現金 현금

げんきん	

④ 担当 담당

たんとう	

⑤ お手元 바로 앞

おてもと	

⑥ ウォン 원(won)

ウォン	

⑦ ドル 달러(dollar)

ドル	

⑧ カード 카드(card)

カード	

⑨ カート 카트(cart)

カート	

⑩ レシート 영수증(receipt)

レシート	

Contents

착륙 안내

<ruby>着<rt>ちゃく</rt>陸<rt>りく</rt></ruby>の<ruby>案<rt>あん</rt>内<rt>ない</rt></ruby>

 착륙 전 안내 방송

皆様、この飛行機は、まもなく着陸いたします。

여러분, 이 비행기는 곧 착륙합니다.

シートベルトをしっかりお締めください。

안전벨트는 확실하게 꽉 매주십시오.

なお、化粧室のご使用はお控えください。

또한 화장실 사용은 자제해 주세요.

また、リクライニング、フットレスト、テーブルをもとの位置にお戻しください。

더불어 등받이, 발판, 테이블을 제자리로 해주십시오.

ただいまより、機内のオーディオサービスを終了させていただきます。

지금부터 기내 오디오 서비스를 종료하겠습니다.

おてもとのイヤホーンを乗務員にお渡しください。

가지고 계신 이어폰은 승무원에게 주십시오.

また、これより、すべての電子機器はお使いになれません。

또한 지금부터 모든 전자기기의 사용을 삼가시기 바랍니다.

どうぞ、ご協力くださいませ。

협력 부탁드립니다.

 ## 착륙 후 안내 방송 1

皆様、この飛行機は、ただいま成田国際空港に到着いたしました。

손님 여러분, 우리 비행기는 지금 막 나리타국제공항에 도착하였습니다.

時刻は、午後2時15分でございます。

시간은 오후 2시 15분입니다.

シートベルト着用のサインが消えるまで、しばらくお座りのままでお待ちください。

안전벨트 착용 사인이 꺼질 때 까지 잠시만 자리에 앉아서 기다려 주십시오.

お降りのさいはお忘れ物がないよう、お確かめくださいませ。

(내리실 때에는)잊으신 물건이 없는지 다시 한 번 살펴보시기 바랍니다.

 ## 착륙 후 안내 방송 2

皆様、この飛行機は、ただいま羽田空港に到着いたしました。

손님 여러분, 우리 비행기는 지금 막 하네다공항에 도착하였습니다.

(30분 이상 지연/기상, 천재지변 등의 귀책사유가 아닌 경우)
本日は、天候(台風/ 雪/ 霧)のため到着が遅れました。

오늘은 기상(태풍/눈/안개)의 관계로 도착이 예정보다 늦어졌습니다.

(30분 이상 지연/항공기 정비 등의 귀책사유인 경우)

本日は、整備(航空機接続)のため到着が遅れましたことをおわびいたします。

오늘은 정비(항공기 접속)의 관계로 도착이 예정보다 늦어진 점, 양해해 주시기 바랍니다.

(Turbulence가 심했을 경우)

本日は、気流の関係で飛行機がゆれ、皆様にごめいわくをおかけいたしましたことをおわび申し上げます。

오시는 동안 (심한)기류 변화로 비행기가 많이 흔들렸던 점, 양해해 주시기 바랍니다.

現地時間は、__月__日、午前(午後) __時__分、気温は摂氏__度でございます。

지금 이곳은 __월 __일, 오전(오후) __시 __분이며, 기온은 섭씨__도입니다.

*(영하 れいか/0도 れいど)

* * 지연 시 * *

1. 管制塔からの離陸の許可をまった関係で

　　　　　　　　　　　　공항 관제탑의 이륙허가를 기다리는 관계로

2. 空港混雑のため

　　　　　　　　　　　우리 앞에 이착륙 비행기가 많아 차례를 기다리므로

3. 向かい風のため　　　　　　　　　　심한 맞바람의 영향으로

4. 滑走路の除雪作業のため　　　　　활주로의 제설작업으로 인해

 착륙 후 대기 1

ご<ruby>案内<rt>あんない</rt></ruby>いたします。　　　　　　　　안내 말씀 드리겠습니다.

ただいま、<ruby>皆様<rt>みなさま</rt></ruby>がお<ruby>降<rt>お</rt></ruby>りになるタラップを<ruby>付<rt>つ</rt></ruby>けております。

　　　　　　　지금 손님여러분께서 내리실 통로(트랩)를 연결하고 있습니다.

しばらくお<ruby>座席<rt>ざせき</rt></ruby>でお<ruby>待<rt>ま</rt></ruby>ちくださいませ。ありがとうございます。

　　　　　　　잠시만 자리에서 기다려 주십시오. 감사합니다.

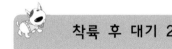 **착륙 후 대기 2**

お<ruby>待<rt>ま</rt></ruby>たせいたしました。　　　　　　　오래 기다리셨습니다.

ただいまより、<ruby>前<rt>まえ</rt></ruby>のドアよりお<ruby>降<rt>お</rt></ruby>り<ruby>下<rt>くだ</rt></ruby>さいませ。

　　　　　　　지금부터 앞문을 이용하여 내려주시기 바랍니다.

お<ruby>忘<rt>わす</rt></ruby>れ<ruby>物<rt>もの</rt></ruby>のないようお<ruby>確<rt>たし</rt></ruby>かめ<ruby>下<rt>くだ</rt></ruby>さいませ。ありがとうございます。

　　　　　　잊으신 물건이 없는지 다시 한 번 확인해 주시기 바랍니다. 감사합니다.

Farewell 1

ご搭乗の皆様、今日もBS航空をご利用いただきましてありがとうございました。

손님 여러분, 오늘도 저희 BS항공을 이용해 주셔서 대단히 감사합니다.

私ども乗務員一同、皆様のまたのおこしを心よりお待ちもうしあげております。

저희 승무원을 여러분의 변함없는 사랑에 보답하는 마음으로 한결같이 정성을 다하겠습니다.

どうぞ、お気をつけて。　　　　　　　　조심히 가십시오.

Farewell 2

皆様、本日もBS航空をご利用いただきましてありがとうございました。

손님 여러분, 오늘도 저희 BS항공을 이용해 주셔서 대단히 감사합니다.

また近いうちに皆様とおめにかかれますよう、乗務員一同お待ちいたしております。

저희 승무원들은 가까운 시일 내에 또 손님들을 만나 뵙기를 희망하오며, 정성을 다할 것을 약속드립니다.

ご搭乗、ありがとうございました。　　　　감사합니다. 안녕히 가십시오.

▶ 단어 単語 _{たんご}

▶ 着陸 _{ちゃくりく}	착륙
▶ 化粧室 _{けしょうしつ}	화장실
▶ お控えください _{ひか}	자제해 주세요
▶ リクライニング	등받이
▶ お戻しください _{もど}	(제자리로) 돌려 주십시오
▶ オーディオ	오디오
▶ 終了 _{しゅうりょう}	종료
▶ お渡しください _{わた}	건네 주십시오
▶ すべて	모든
▶ 電子機器 _{でんしきき}	전자기기
▶ ご協力 _{きょうりょく}	협력
▶ 国際空港 _{こくさいくうこう}	국제공항
▶ 到着 _{とうちゃく}	도착
▶ 時刻 _{じこく}	시각, 시간
▶ お忘れ物 _{わすもの}	잊으신 물건
▶ おわびいたします	양해해 주세요
▶ 現地時間 _{げんちじかん}	현지 시간
▶ 気温 _{きおん}	기온
▶ 摂氏 _{せっし}	섭씨

- しばらく   잠시만

- 一同^{いちどう}   일동

- どうぞ、お気^きをつけて   조심히 가십시오

▶ 문법

何月^{なんがつ}(なんがつ)/월

1월	2월	3월	4월	5월	6월
いち月^{がっ}	に月^{がっ}	さん月^{がっ}	し月^{がっ}	ご月^{がっ}	ろく月^{がっ}
7월	8월	9월	10월	11월	12월
しち月^{がっ}	はち月^{がっ}	く月^{がっ}	じゅう月^{がっ}	じゅういち月^{がっ}	じゅうに月^{がっ}

何日^{なんにち}(なんにち)/일

	1일	2일	3일	4일	5일	6일
	ついたち	ふつか	みっか	よっか	いつか	むいか
7일	8일	9일	10일	11일	12일	13일
なのか	ようか	ここのか	とおか	じゅういち日^{にち}	じゅうに日^{にち}	じゅうさん日^{にち}

14일	15일	16일	17일	18일	19일	20일
じゅう よっか	じゅう ご日	じゅう ろく日	じゅう しち日	じゅう はち日	じゅう く日	はつか
21일	**22일**	**23일**	**24일**	**25일**	**26일**	**27일**
にじゅう いち日	にじゅう に日	にじゅう さん日	にじゅう よっか	にじゅう ご日	にじゅう ろく日	にじゅう しち日
28일	**29일**	**30일**	**31일**			
にじゅう はち日	にじゅう く日	さん じゅう日	さんじゅう いち日			

曜日(ようび)/요일

월요일	화요일	수요일	목요일	금요일	토요일	일요일
げつ ようび	か ようび	すい ようび	もく ようび	きん ようび	ど ようび	にち ようび

🐱 날씨 표현

1. 晴_はれる　맑다　　　　　晴_はれ　맑음

2. 曇_{くも}る　흐리다　　　　　曇_{くも}り　흐림

3. 晴_はれときどき曇_{くも}り　　맑고 때때로 흐림

4. 曇_{くも}りときどき晴_はれ　　흐리고 때때로 맑음

5. 晴_はれのうち曇_{くも}り　　맑은 후 흐림

6. 曇_{くも}りのうち晴_はれ　　흐린 후 맑음

7. 台風_{たいふう}　　　　　태풍

8. 強風_{きょうふう}　　　　　강풍

9. 雨_{あめ}　　　　　비

10. 梅雨_{つゆ}　　　　　장마

11. いなびかり　　　　번개

12. かみなり　　　　천둥

13. きり　　　　안개

14. 雪_{ゆき}　　　　눈

15. 虹_{にじ}　　　　무지개

연습문제

1. '월'을 쓰시오.

1월	2월	3월	4월	5월	6월
___ _{がつ}月	___ _{がつ}月	___ _{がつ}月	___ _{がつ}月	___ _{がつ}月	___ _{がつ}月
7월	8월	9월	10월	11월	12월
___ _{がつ}月	___ _{がつ}月	___ _{がつ}月	___ _{がつ}月	___ _{がつ}月	___ _{がつ}月

2. 빈곳에 '일(날짜)'를 쓰시오.

1일	2일	3일	4일	5일	6일
7일	8일	9일	10일	11일	12일	13일
				じゅう いち日	じゅう に日	じゅう さん日
14일	15일	16일	17일	18일	19일	20일
じゅう よっか	じゅう ご日		じゅう しち日	じゅう はち日	じゅう く日	
21일	22일	23일	24일	25일	26일	27일
にじゅう いち日	にじゅう に日	にじゅう さん日		にじゅう ご日	にじゅう ろく日	にじゅう しち日
28일	29일	30일	31일			
にじゅう はち日		さん じゅう日	さんじゅう いち日			

3. '요일'을 쓰시오.

월요일	화요일	수요일	목요일	금요일	토요일	일요일

① 着陸 착륙
ちゃくりく

ちゃくりく	

② 化粧室 화장실

けしょうしつ	

③ 終了 종료

しゅうりょう	

④ 時刻 시각, 시간

じこく	

⑤ 摂氏 섭씨

せっし	

⑥ 気温 기온

きおん	

⑦ 一同 일동

いちどう	

⑧ リクライニング 등받이

リクライニング	

⑨ オーディオ 오디오

オーディオ	

⑩ ヘットホーン 헤드폰

ヘットホーン	

Contents

출입국심사 및 공항 면세점

しゅつにゅうこくしんさ　　めんぜいてん
出入国審査と免税店

13과

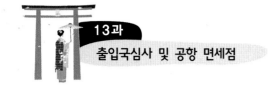

출입국심사

※Immigration Officer=審査官(しんさかん)

I: 学生(がくせい)ですか。

客(きゃく): はい、そうです。

I: 入国(にゅうこく)の目的(もくてき)は。

客(きゃく): 観光(かんこう)です。

I: 何泊(なんぱく)の予定(よてい)ですか。

客(きゃく): 3泊(ぱく)です。

I: どこに泊(と)まりますか。

客(きゃく): 難破(なんば)ホテルです。

I: はい、どうぞ。

客(きゃく): どうも。

학생입니까?

네, 그렇습니다.

입국 목적은?

관광입니다.

몇 박 예정이십니까?

3박입니다.

어디에 머무르시나요?

난바 호텔입니다.

네, 통과하세요.

감사합니다.

공항 면세점

店員(てんいん): いらっしゃいませ。何(なに)かお探(さが)しですか。

客(きゃく): お土産(みやげ)を見(み)ていますけど。

어서 오세요. 뭔가 찾으십니까?

선물을 보고 있습니다만...

店員: このバナナまんじゅうはいかがでしょか。有名です。

이 바나나만쥬는 어떠세요? 유명해요.

客: じゃ、それを二つください。　　　　　　　　그럼, 그것 2개 주세요.

店員: はい。あと、ロイスのチョコレートも人気がありますよ。

네. 그리고 Royce' 초콜릿도 인기가 있습니다.

客: それも一つくださいね。　　　　　　　　그것도 하나 주세요.

店員: はい、かしこまりました。　　　　　　네, 알겠습니다.

客: 全部でおいくらですか。　　　　　　　전부해서 얼마인가요?

店員: 4,000円でございます。お支払いはいかがなさいますか。

4,000원입니다. 계산은 어떻게 하시겠습니까?

客: カードで。　　　　　　　　　　　　　카드로.

店員: カードとレシートのお返しです。　　　카드와 영수증 드리겠습니다.

ご利用、ありがとうございました。また、お越しくださいませ。

이용 감사드립니다. 또 오세요.

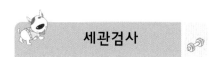

세관검사

I: 荷物はこれで全部ですか。　　　　　　짐은 이걸로 전부인가요?

客: はい、そうです。　　　　　　　　　　네, 그렇습니다.

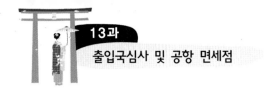
I: かばんを開けてください。　　　　　　　가방을 열어 주시기 바랍니다.

　税関に申告する物はありませんか。　세관에 신고할 것은 없습니까?

客: ありません。　　　　　　　　　　　없어요.

I: はい、どうぞ。　　　　　　　　　　　네, 됐습니다.

客: どうも。　　　　　　　　　　　　　감사합니다.

🔘 단어 単語

- 入国　　　　　　　　　　　　입국

- 観光　　　　　　　　　　　　관광

- 何泊　　　　　　　　　　　　몇 박

- 泊まりますか　　　　　　　머무십니까

- お土産　　　　　　　　　　선물

- バナナまんじゅう　　　　바나나 만쥬
- チョコレート　　　　　　　초콜릿

- お支払い　　　　　　　　　계산, 지불

- お返し　　　　　　　　　　돌려주다

- 開けてください　　　　　열어 주세요

- 税関　　　　　　　　　　　세관

- 申告　　　　　　　　　　　신고

✈ 면세 판매를 위한 표현

① 少々お待ちくださいませ。　　　잠시만 기다려 주십시오.

② お待たせいたしました。　　　　오래 기다리셨습니다.

③ 気楽にご覧ください。　　　　　천천히 구경하세요.

④ 申し訳ございません。　　　　　죄송합니다.

⑤ また、お越しくださいませ。　　또 오세요.

⑥ あれを見せてください。　　　　저것을 보여 주세요.

⑦ どれがお気に入りますか。　　　어느 것이 맘에 드세요?

⑧ こちらはいかがですか。　　　　이것은 어떠십니까?

⑨ お似合いです。　　　　　　　　잘 어울리시네요.

⑩ セール中です。　　　　　　　　세일 중입니다.

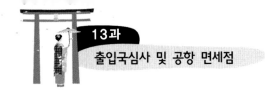
 13과　주요 단어 써보기

① 観光 관광

かんこう	

② 何泊 몇 박

なんぱく	

③ お土産 선물

おみやげ	

④ お支払い 계산, 지불

おしはらい	

⑤ お返し 돌려주다

おかえし	

⑥ 気楽 편히

きらく	

⑦ 似合う 어울리다

にあう	

⑧ チョコレート 초콜릿

チョコレート	

⑨ イヤリング 귀걸이

イヤリング	

⑩ ネックレス 목걸이

ネックレス	

Contents

자기 소개 및 면접

じこしょうかい　めんせつ
自己紹介 · 面接

현장에서 실제로 사용하는 **항공서비스 일본어**

부록

[Q1] 자기소개를 간단히 해 보세요.

面接官(めんせつかん): こんにちは。自己紹介(じこしょうかい)を簡単(かんたん)にしてください。

안녕하세요. 자기소개를 간단히 부탁드립니다.

支援者(しえんしゃ)1: まず、自己紹介(じこしょうかい)をさせて下(くだ)さいまして、ありがとうございます。私(わたし)は現在(げんざい)、○○芸術大学(げいじゅつだいがく)で航空(こうくう)サービスを専攻(せんこう)している○○○と申(もう)します。私(わたし)の夢(ゆめ)は客室乗務員(きゃくしつじょうむいん)(グランドスタッフ)ですので、大学(だいがく)で乗務員(じょうむいん)(グランドスタッフ)について授業(じゅぎょう)を受(う)けています。そのため、学校(がっこう)で英語(えいご)と日本語(にほんご)などの勉強(べんきょう)も一生懸命(いっしょうけんめい)しています。それから、○○サークル活動(かつどう)もやっています。ぜひ、○○航空(こうくう)で皆様(みなさま)をまたお目(め)になりたいです。聞(き)いてくださいまして、ありがとうございました。

먼저 자기소개를 할 수 있게 해주셔서 감사드립니다. 저는 현재 ○○예술대학교에서 항공서비스를 전공하고 있는 ○○○라고 합니다. 제 꿈은 객실승무원(공항 지상직)이므로 대학교에서 승무원(지상직)에 대하여 수업을 받고 있습니다. 그를 위해서 학교에서 영어와 일본어 공부도 열심히 하고 있습니다. 그리고 ○○동아리 활동도 하고 있습니다. 반드시 ○○항공에서 나중에 여러분들을 또 뵙고 싶습니다. 들어주셔서 감사합니다.

支援者(しえんしゃ)2: 今日(きょう)、面接(めんせつ)をすることができて嬉(うれ)しいです。私(わたし)は○○○と申(もう)します。出身(しゅっしん)は○○ですけど、今(いま)はソウルで一人暮(ひとりぐ)らしをしています。二十一才(にじゅういっさい)で○○芸術大学(げいじゅつだいがく)を卒業(そつぎょう)しました。専攻(せんこう)は航空運航(こうくううんこう)(航空経営(こうくうけいえい))です。大学(だいがく)に入(はい)って、私(わたし)がずっと夢(ゆめ)に持(も)っていった客室乗務員(きゃくしつじょうむいん)(グランドスタッフ)に付(つ)いてもっと具体的(ぐたいてき)に勉強(べんきょう)しました。そして、大学(だいがく)で専攻以外(せんこういがい)に英語(えいご)や日本語(にほんご)(中国語(ちゅうごくご))の勉強(べんきょう)も一生懸命(いっしょうけんめい)しま

した。それから、学校を代表する広報大使活動もやりました。その経験を生かして、ぜひ〇〇航空で働きたいです。聞いてくださいまして、ありがとうございました。

오늘 이렇게 면접을 하게 되어서 기쁩니다. 저는 〇〇〇 라고 합니다. 출신은 〇〇지만, 지금은 서울에서 혼자 살고 있습니다. 21살이고 〇〇예술대학교를 졸업하였습니다. 전공은 항공운항(항공경영)입니다. 대학교에 들어와서 제가 계속 꿈을 꾸어 왔던 객실승무원(공항 지상직원)에 대해 좀 더 구체적으로 배웠습니다. 그리고 대학에서 항공 전공 공부 이외에 영어나 일본어(중국어)공부도 열심히 하였습니다. 또한 학교를 대표하는 홍보대사 활동도 하였습니다. 그 경험을 살려 꼭 〇〇항공에서 일하고 싶습니다. 들어 주셔서 감사합니다.

* 日本語(英語)会話のサークル　일본어(영어)회화 동아리
* 広報大使活動　홍보대사 활동
* 広報部の役員　홍보부 임원
* 儀典のサークル　의전 동아리

* 국내 항공사

コリアンエアー/大韓航空	대한항공	アシアナ航空	아시아나항공
ジェジュ航空	제주항공	イースター航空	이스타항공
ティーウェイ航空	티웨이항공	ジンエアー	진에어
エアプサン	에어부산	エアソウル	에어서울
フライカンウォン	플라이강원	エアープレミア	에어프레미아

* 외국 항공사

アナ ANA 航空_{こうくう}(All Nippon Airways)	전일본공수, 아나 항공(일본)

アナ ANA 航空(All Nippon Airways)　　전일본공수, 아나 항공(일본)

ジャル JAL 航空(Japan Airlines)　　일본 항공(일본)

ノースウエスト 航空(Northwest)　　노스웨스트 항공(미국)

カタール 航空(Qutar Airways)　　카타르 항공(카타르)

カンタス 航空(Qantas Airways)　　콴타스 항공(호주)

エミレーツ 航空(Emirates Airlines)　　에미레이트 항공(두바이)

シンガポール 航空(Singapore Airlines)　　싱가포르 항공(싱가포르)

ケセイパシフィック(Cathay Pacific Airways)　　케세이퍼시픽 항공(홍콩)

[Q2] 출신은 어디입니까?

面接官(めんせつかん): 出身(しゅっしん)はどこですか。

支援者(しえんしゃ): 出身(しゅっしん)は(　ソウル　)です。　　출신은 서울입니다.

* ソウル　서울　　インチョン 인천　　キョンギド 경기도　　　スウォン 수원
　ブチョン 부천　　プサン　　부산　　デジョン　대전　　　デグ　　　대구
　クァンジュ 광주　　　カンウォンド　강원도　　　チュンチョンド 충청도
　キョンサンド 경상도　　チョンラド 전라도　　　ジェジュド 제주도

[Q3] 지금 어디에 살고 있습니까?

面接官: あなたは今どこに住んでいますか。

支援者1: 今も(　　　　　)に住んでいます。　　지금도 (　　)에 살고 있습니다.

支援者2: 今は(　　　　　)に住んでいます。　　지금은 (　　)에 살고 있습니다.

[Q4] 가족은 몇 명입니까?

面接官: 何人家族ですか。

支援者: 私の家族は全部で(　四人　)です。　　제 가족은 전부 4명입니다.

* 何人 몇 명

ひとり 1명	ふたり 2명	さんにん 3명	よにん 4명	ごにん 5명
ろくにん 6명	しちにん 7명	はちにん 8명	きゅうにん 9명	じゅうにん 10명

[Q5] 몇 살입니까?

面接官: 何才ですか。
めんせつかん　なんさい

支援者: (二十歳)です。　　　　20살입니다.
しえんしゃ　はたち

* 何才 몇 살
なんさい

いっさい 1살	にさい 2살	さんさい 3살	よんさい 4살	ごさい 5살
ろくさい 6살	ななさい 7살	はっさい 8살	きゅうさい 9살	じゅっさい 10살
じゅうきゅうさい 19살	はたち 20살	にじゅういっさ い21살	にじゅうにさい 22살	にじゅうさんさい 23살
にじゅうよんさ い24살	にじゅうごさい 25살	さんじゅっさい 30살	よんじゅっさい 40살	ごじゅっさい 50살
ろくじゅっさい 60살	ななじゅっさい 70살	はちじゅっさい 80살	きゅうじゅっさい 90살	ひゃくさい 100살

[Q6] 가족구성은 어떻게 됩니까?

<ruby>面接官<rt>めんせつかん</rt></ruby>: <ruby>家族構成<rt>かぞくこうせい</rt></ruby>はどうですか。

<ruby>支援者<rt>しえんしゃ</rt></ruby>: <ruby>私<rt>わたし</rt></ruby>の<ruby>家族<rt>かぞく</rt></ruby>は<ruby>父<rt>ちち</rt></ruby>、<ruby>母<rt>はは</rt></ruby>、<ruby>兄<rt>あに</rt></ruby>と<ruby>私<rt>わたし</rt></ruby>です。

제 가족 구성은 아버지, 어머니, 오빠 그리고 저입니다.

* <ruby>家族<rt>かぞく</rt></ruby> 가족

祖父 할아버지	祖母 할머니	父 아버지	母 어머니	兄 형, 오빠
姉 누나, 언니	弟 남동생	妹 여동생	息子 아들	娘 딸

* <ruby>職業<rt>しょくぎょう</rt></ruby> 직업

会社員 회사원	主婦 주부	公務員 공무원	教師 교사	自営業 자영업
小学生 초등학생	中学生 중학생	髙校生 고등학생	大学生 대학생	軍人 군인

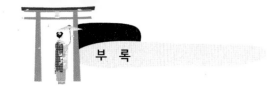

[Q7] 좋아하는 계절은 무엇입니까?

面接官: 好きな季節は何ですか。

支援者: 春が一番好きです。　　　봄을 가장 좋아합니다.

* 季節 계절

春 봄　　夏 여름　　秋 가을　　冬 겨울

* 天気 날씨

暑い 덥다　　暖かい 따뜻하다　　柔らかい 포근하다　　涼しい 시원하다　　寒い 춥다

[Q8] 당신이 소개하고 싶은 요리는 무엇입니까?

面接官: あなたが紹介したい料理は何ですか。

支援者: キムチチゲです。　　김치찌개입니다.

キムチチゲは韓国を体表する料理です。

* 料理(りょうり) 음식

キムチチゲ 김치찌개　　テンジャンチゲ 된장찌개　　ブルコギ/やきにく 불고기
カルビ 갈비　　　　　　ビビンバ 비빔밥　　　　　チヂミ 부침개
チャプチェ 잡채　　　冷麺(れいめん) 냉면　　　　　のり巻(ま)き 김밥

* 味(あじ) 맛

甘(あま)い 달다　辛(から)い 맵다　甘辛(あまから)い 달고 맵다/짜다　塩辛(しおから)い 짜다　すっぱい 시다
甘酸(あまず)っぱい 새콤달콤하다　さっぱり 개운/깔끔하다　こうばしい 구수하다
おいしい/うまい 맛있다　まずい 맛없다

[Q9] 언제부터 일본어 공부를 하고 있습니까?

面接官(めんせつかん): いつから日本語(にほんご)の勉強(べんきょう)をしていますか。

支援者(しえんしゃ)1: 2年(ねん)ぐらいしています。　　　　　2년 정도 하고 있습니다.

支援者(しえんしゃ)2: 大学(だいがく)で日本語(にほんご)を習(なら)い始(はじ)めました。　대학 와서 일본어를 배우기 시작했습니다.

[Q10] 무엇 때문에 일본어 공부를 합니까?

面接官: 何のために、日本語の勉強をしますか。

支援者1: 航空社に入るためです。　　　　　　항공사에 취업하기 위해서 입니다.

支援者2: 日本人と自由に会話会話をしたいので、日本語を習っています。

　　　　　일본인과 자유롭게 대화하기 위해서 일본어를 배우고 있습니다.

支援者3: 日本のお客様と話しをしたいからです。

　　　　　　　　　　　일본 손님과 이야기 하고 싶기 때문 입니다.

[Q11] 당신의 꿈은 무엇입니까?

面接官: あなたの夢は何ですか。

支援者1: 私の夢は客室乗務員になることです。

　　　　　　　　　　　　제 꿈은 객실승무원이 되는 것입니다.

支援者2: 空港で働くグランドスタッフになりたいです。

　　　　　　　　공항에서 일하는 지상 근무 직원이 되고 싶습니다.

[Q12] 본인은 어떤 성격입니까?

面接官: あなたはどんな性格ですか。

支援者1: 私は陽気者で、回りの人を楽しくさせる性格だと思います。

저는 쾌활한 사람이며, 주위 사람들을 즐겁게 하는 성격입니다.

支援者2: 私は面倒見のいい性格で、友達や後輩によく相談してくれます。

저는 잘 돌봐주는 성격으로 친구나 후배들에게 자주 상담해줍니다.

支援者3: 私は社交的な性格を持って、初対面の人でも、すぐ打ち解けて話せます。

저는 사교적인 성격으로 처음 만나는 사람에게도 마음을 터놓고 이야기 합니다.

[Q13] 취미는 무엇입니까?

面接官: 趣味は何ですか。

支援者1: 趣味は日本のアニメを見ることです。「隣のトトロ」が一番記憶にのこります。

취미는 일본 만화영화를 보는 것입니다. 「이웃집 토토로」가 가장 기억에 남습니다.

支援者2: 私の趣味は泳ぎです。ストレスを解消するために、週、一回は水泳しています。

제 취미는 수영입니다. 스트레스 해소를 위해 일주일에 한 번은 수영하러 갑니다.

支援者3:　いろいろなところに旅行するのが好きですから、時間があれば、近い

ところでも旅行を行きます。その土地の人と出会って話すのがすきです。

다양한 곳에 여행가는 것을 좋아하므로 시간이 있으면 가까운 곳이라도 여행갑니다. 그 곳의 사람과 만나 이야기하는 것을 좋아합니다.

[Q14] 무슨 특기나 자격증이 있습니까?

面接官: 何か特技とか資格はありますか。

支援者1:　TOEIC　700点を持っています。そして、日本語も好きで、日本語能力

試験3級もあります。

　　　　토익 700점을 가지고 있습니다. 그리고 일본어도 좋아해 일본어능력시험
　　　　자격증(JLPT) 3급도 있습니다.

支援者2: TOEIC 650点とHSK4級を持っています。

　　　　토익 650점과 중국어 HSK 4급을 가지고 있습니다.

[Q15] 휴일에는 무엇을 하며 보내고 있습니까?

面接官: 休日は何を過ごしていますか。

支援者1: 休みの日には、普段できなっかた活動をしながら過ごしています。

運動するか友達とスタディーをしています。

쉬는 날에는 보통 때 하지 못했던 활동을 하면서 지냅니다. 운동을 하거
나 친구와 스터디를 합니다.

支援者2: 週末は食堂(カフェ)でアルバイトをしています。アルバイトをすると、

いろんなお客を会いますけど、それが私にいい経験になると思います。

주말은 식당(카페)에서 아르바이트를 합니다. 아르바이트를 하면 다양한
손님을 만나게 되는데 그것이 저한테 좋은 경험이라고 생각합니다.

[Q16] 건강관리를 위해 무엇을 하고 있습니까?

面接官: 健康管理のために何をしていますか。

支援者1: 時間があれば、よく歩きます。できるだけエレベータを乗らない方にし
て、階段を上って家に帰ります。

시간이 있으면 자주 걸으려고 하고 있습니다. 되도록 엘리베이터를 타지
않고 계단을 올라 집으로 갑니다.

支援者2: 健康のために、時々プールにいって泳ぎます。そうすると、体が軽く
なります。

건강을 위해 가끔 수영장에 가서 수영을 합니다. 그렇게 하면, 몸이 가뿐해
집니다.

支援者3:　時々近くにある公園に散歩しに出かけます。走ったり歩いたりしなが

ら30分ぐらい運動します。

가끔 집 근처에 있는 공원에 산책하러 나갑니다. 뛰거나 걷거나 하면서
30분정도 운동하고 돌아옵니다.

[Q17] 전공은 무엇이었습니까?

面接官:　何を専攻しました。

支援者1:　私の専攻は航空サービスです。　　　　제 전공은 항공서비스입니다.

私の専攻は航空運航(航空経営)です。　제 전공은 항공운항(항공경영)입니다.

支援者2:　私の専攻は航空運航　(航空経営　)です。大学に入って、私がずっと夢

だった客室乗務員(グランドスタッフ)に付いてもっと具体的に勉強し
ました。

제 전공은 항공운항과(항공경영)입니다. 대학에 들어와 내가 꿈꿔왔던
객실승무원(공항 지상직원)에 대해 좀 더 구체적으로 공부하며 알게 되
었습니다.

[Q18] 학창시절에 무엇에 열중했습니까?

面接官: 学生時代に打ち込んだことは何ですか。

支援者1: 私は英語の勉強に励みました。それで、今、TOEIC 800点を持っています。

저는 영어공부에 전념했습니다. 그 결과, 지금 토익 800점을 소지 하고 있습니다.

支援者2: 私は人の役に立ちたいという気持ちから、ボランティア活動をしました。ボランティアをすると、意味深いことをしたようで気持ちよくなります。

저는 남을 돕고 싶다는 마음으로 봉사활동을 했습니다. 봉사를 하면, 뜻 깊은 일을 한 것 같아 기분이 좋습니다.

支援者3: 大学校で日本語(英語)会話のサークル活動をやりました。

대학교에서 일본어 회화 동아리(영어회화 동아리)활동을 하였습니다.

[Q19] 우리 회사에 대해 어느 정도 알고 있습니까?

面接官: わが社に付いてどのぐらい知っていますか。

支援者1: ホームページで御社の経営哲学を見て、感銘しました。そして、今日、面接に伺って会社の雰囲気を見て、私もこの会社でぜひ働かせていただきたいと思いました。

홈페이지에서 귀사의 경영철학을 보고 감명을 받았습니다. 그리고 오늘 면접에 와서 회사 분위기를 보고 저도 이 회사에서 꼭 일하게 되었으면 좋겠다고 생각했습니다.

支援者2: 御社は '家族とような会社' という話しを聞きました。

귀사는 '가족과 같은 회사'라는 말을 들었습니다.

* 회사에 대한 명칭

자신의 회사를 말할 때	わが社 우리 회사 当社 당사
상대방 회사를 말할 때	御社 구어적인 표현 貴社 문어적인 표현

200 · 현장에서 실제로 사용하는 항공서비스 일본어

[Q20] 마지막으로 무슨 질문 있습니까?

面接官: 最後に、何か質問はありますか。

支援者1: 特にありません。　　　　　　　　　特별히 없습니다.

支援者2: 特にありませんが、結果についてのご連絡はいつごろいただけるのですか。

특별히 없습니다만, 결과에 대해 언제쯤 연락을 주시나요?

支援者3: 一生懸命頑張れますので、よろしくお願いします。

열심히 하겠습니다. 잘 부탁드립니다.

> ▶ 면접 시 사용되는 표현 20

1. 本日はどうぞ宜しくお願いいたします。　　　　오늘 잘 부탁드립니다.

2. はい、失礼いたします。　　　　　　　　　네, 실례하겠습니다.

3. 毎日9時まで出勤します。　　　　　　매일 9시까지 출근합니다.

4. 毎日6時に会社を出ます。　　　매일 6시에 회사를 나옵니다(퇴근합니다).

5. 会社の勤務時間は8時から5時までです。　회사 근무시간은 8시부터 5시까지입니다.

6. 通勤時間は1時間ぐらいかかります。　　　통근시간은 1시간정도 걸립니다.

7. 和気あいあいとした会社の雰囲気が印象的でした。

　　　　　　　화기애애한 회사 분위기가 인상적이었습니다.

8. あなたのストレス解消法は何ですか。　당신의 스트레스 해소법은 무엇입니까?

9. 週に一回運動すればストレスが発散できます。

　　　　　　일주일에 한 번 운동하면 스트레스가 해소가 됩니다.

10. アルバイトをしながら資格を取る勉強をしました。

　　　　　　아르바이트를 하면서 자격증을 공부했습니다.

11. 私はとても勤勉な性格です。　　　　　　　저는 매우 성실한 성격입니다.

12. あなたの考えを述べてください。　　　　　　당신의 생각을 말해보세요.

13. その問題についてどう思いますか。　　그 문제에 대해 어떻게 생각합니까?

14. その理由を説明してください。　　　　　　　그 이유를 설명해 주세요.

15. 機会をいただければ、一生懸命に頑張りたいと思います。

　　　　　　　　　　　　기회가 주어진다면 열심히 노력하겠습니다.

16. 一生懸命頑張れますので、よろしくお願いします。

　　　　　　　　　　　　　열심히 하겠습니다. 잘 부탁드립니다.

17. 私は貴社の発展におおいに貢献したいと思っております。

　　　　　　　　　　　저는 귀사의 발전에 크게 공헌하고 싶습니다.

18. 以上で面接を終わります。　　　　　　이상으로 면접을 마치겠습니다.

19. 本日はありがとうございました。　　　　　　오늘 감사드립니다.

20. 失礼いたしました。　　　　　　실례했습니다.(면접 끝난 후)

자기소개(自己紹介<ruby>じ<rt></rt></ruby>) 써보기

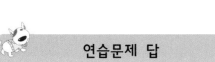

연습문제 답

1과   공항 안내 서비스 1

1.

1) 가방 안에 핸드폰(ケータイ)이 있습니다.

→ かばんの中_{なか}に ケータイが あります。

2) 차 아래에 고양이가 있습니다.

→ 車_{くるま}の下_{した}に猫_{ねこ}がいます。

3) 오늘 수업이 없습니다.

→ 今日_{きょう}、授業_{じゅぎょう}が ありません。

4) 선생님 뒤에 학생 한 명이 있습니다.

→ 先生_{せんせい}の後_{うし}ろに学生_{がくせい} 一人_{ひとり}がいます。

5) 저쪽에 엘리베이터(エレベーター)가 있습니다. (정중어)

→ あちらにエレベーターがございます。

2.

1	2	3	4	5
いち	に	さん	し・よん・よ	ご
6	7	8	9	10
ろく	しち・なな	はち	きゅう・く	じゅう

3.

한 개	두 개	세 개	네 개	다섯 개
ひとつ	ふたつ	みっつ	よっつ	いつつ
여섯 개	일곱 개	여덟 개	아홉 개	열 개
むっつ	ななつ	やっつ	ここのつ	とお

4.

한 명	두 명	세 명	네 명	다섯 명
ひとり	ふたり	さんにん	よにん	ごにん
여섯 명	일곱 명	여덟 명	아홉 명	열 명
ろくにん	しちにん	はちにん	きゅうにん	じゅうにん

2과 공항 안내 서비스 2

1.

1) お料理（りょうり）

2) ご搭乗（とうじょう）

3) お腹（なか）

4) ご旅行（りょこう）

5) お金（かね）

6) お仕事（しごと）

7) ご案内（あんない）

8) お名前（なまえ）

2.

1) 越す（こ）（오다） → お越し下さい（くだ）　와 주십시오

2) 待つ（ま）（기다리다）→ お待ち下さい（まくだ）　기다려 주십시오

3) 持つ（も）（들다） → お持ち下さい（もくだ）　들어 주십시오

4) 呼ぶ（よ）（부르다） → お呼び下さい（よくだ）　불러 주십시오

3.

1) 理解（りかい）（이해） → ご理解下さい（りかいくだ）　이해해 주십시오

2) 注意（ちゅうい）（주의） → ご注意下さい（ちゅういくだ）　주의해 주십시오

3) 了承（りょうしょう）（양해） → ご了承下さい（りょうしょうくだ）　양해해 주십시오

4) 搭乗（とうじょう）（탑승） → ご搭乗下さい（とうじょうくだ）　탑승해 주십시오

4.

기본형	그룹	뜻	ます	ません
来る	3	오다	来ます	来ません
行く	1	가다	行きます	行きません
泳ぐ	1	헤엄치다	泳ぎます	泳ぎません
話す	1	이야기하다	話します	話しません
待つ	1	기다리다	待ちます	待ちません
見る	2	보다	見ます	見ません
呼ぶ	1	부르다	呼びます	呼びません
飲む	1	마시다	飲みます	飲みません
ある	1	있다	あります	ありません
帰る	1	돌아가다	帰ります	帰りません
作る	1	만들다	作ります	作りません
乗る	1	타다	乗ります	乗りません
降る	1	내리다	降ります	降りません
食べる	2	먹다	食べます	食べません
入る	1	들어가다	入ります	入りません
死ぬ	1	죽다	死にます	死にません
起きる	2	일어나다	起きます	起きません
する	3	하다	します	しません
寝る	2	자다	寝ます	寝ません
買う	1	사다	買います	買いません
分かる	1	알다	分かります	分かりません

5.

1시	2시	3시	4시	5시	6시
いち時	に時	さん時	よ時	ご時	ろく時
7시	8시	9시	10시	1시1	12시
しち時	はち時	く時	じゅう時	じゅういち時	じゅうに時

3과　탑승수속업무 1

1) 持つ(갖다)　　→　お持ちですか　(1그룹)　갖고 계십니까?

2) 待つ(기다리다)　→　お待ちですか　(1그룹)　기다리고 계십니까?

3) 探す(찾다)　　→　お探しですか　(1그룹)　찾고 계십니까?

4) 飲む(마시다)　→　お飲みですか　(1그룹)　마시고 계십니까?

4과　탑승수속업무 2

1) 急ぐ→ 急いで下さい　(1그룹)　서둘러 주세요

2) 書く→ 書いて下さい　(1그룹)　써 주세요

3) 並ぶ→ 並んで下さい　(1그룹)　줄을 서 주세요

4) 話す→ 話して下さい　(1그룹)　이야기해 주세요

5) 食べる→ 食べて下さい(2그룹)　드세요

6) 持つ→ 持って下さい　(1그룹)　들어 주세요

7) 連絡する→ 連絡して下さい (3그룹) 연락해 주세요

5과　공항라운지

1.

1. 커피　　　　コーヒー
2. 주스　　　　ジュース
3. 워터(물)　　ウォーター
4. 맥주　　　　ビール
5. 와인　　　　ワイン
6. 콜라　　　　コーラ
7. 알코올　　　アルコール
8. 스낵　　　　スナック
9. 쿠키　　　　クッキー
10. 컵라면　　　カップラーメン

2.

1) 読む(읽다)→　お読みいたします　　　読어 드리겠습니다

2) 願う(부탁하다)→お願いいたします　　부탁드리겠습니다

3) 連絡(연락)→ ご連絡いたします　　　연락해 드리겠습니다

4) 用意(준비)→ ご用意いたします　　　준비해 드리겠습니다

🗝 8과

①	ずっと	죽, 계속
②	やはり	역시
③	なかなか	좀처럼(부정)
④	もうすぐ	이제 곧
⑤	もっと	더
⑥	ときどき	때때로
⑦	たしか	아마, 틀림없이
⑧	すっかり	완전히
⑨	もちろん	물론
⑩	もう	이미, 벌써
⑪	いっぱい	가득
⑫	しばらく	잠시, 잠깐
⑬	いちばん	가장, 제일
⑭	しっかり	꽉, 단단히
⑮	まだ	아직

🗝 9과

1.

1. お座席をもとの位置にお戻しください。　　좌석을 원 위치로 되돌려 주십시오.

2. アームレストをお戻しください。　　팔걸이를 되돌려 주십시오.

3. テーブルをお戻しください。　　테이블을 되돌려 주십시오.

4. フットレストをお戻しください。　　발 받침대를 되돌려 주십시오.

5. ブラインドをお開けください。　　　　창문 덮개를 열어 주십시오.

6. お座席にお付きください。　　　　좌석에 앉아 주십시오.

2.

① それで　　그래서
② しかも　　게다가
③ また　　또, 게다가
④ それに　　게다가
⑤ および　　및, 과
⑥ だから　　그래서
⑦ しかし　　그러나, 하지만
⑧ では　　그럼
⑨ または　　또는, 혹은
⑩ さて　　그건 그렇고
⑪ そして　　그리고
⑫ ところで　　그건 그렇고
⑬ つまり　　즉
⑭ さらに　　더욱더
⑮ それから　　그리고 나서

3.

① いくら　　얼마
② どうして　　어째서
③ なぜ　　왜
④ いくつ　　몇 개
⑤ いつ　　언제
⑥ なに　　무엇
⑦ どこ　　어디
⑧ だれ　　누가

12과

1.

1월	2월	3월	4월	5월	6월
いち月	に月	さん月	し月	ご月	ろく月
7월	8월	9월	10월	11월	12월
しち月	はち月	く月	じゅう月	じゅういち月	じゅうに月

2.

	1일	2일	3일	4일	5일	6일
	ついたち	ふつか	みっか	よっか	いつか	むいか
7일	8일	9일	10일	11일	12일	13일
なのか	ようか	ここのか	とおか	じゅういち日	じゅうに日	じゅうさん日
14일	15일	16일	17일	18일	19일	20일
じゅうよっか	じゅうご日	じゅうろく日	じゅうしち日	じゅうはち日	じゅうく日	はつか
21일	22일	23일	24일	25일	26일	27일
にじゅういち日	にじゅうに日	にじゅうさん日	にじゅうよっか	にじゅうご日	にじゅうろく日	にじゅうしち日
28일	29일	30일	31일			
にじゅうはち日	にじゅうく日	さんじゅう日	さんじゅういち日			

3.

월요일	화요일	수요일	목요일	금요일	토요일	일요일
げつ よう び	か よう び	すい よう び	もく よう び	きん よう び	ど よう び	にち よう び

송민수

현) 백석예술대학교 항공서비스학부 교수
전) 스위스그랜드(구) 호텔 객실부&판촉부

저서: 요우코소 관광 일본어 1,2 (다락원)

현장에서 실제로 사용하는 **항공서비스 일본어**

2020년 2월 20일 초판1쇄 인쇄
2020년 2월 25일 초판1쇄 발행

저   자 송민수
펴 낸 이 임순재

펴 낸 곳 **(주)한올출판사**
등   록 제11-403호
주   소 서울시 마포구 모래내로 83 (성산동 한올빌딩 3층)
전   화 (02)376-4298(대표)
팩   스 (02)302-8073
홈페이지 www.hanol.co.kr
e-메 일 hanol@hanol.co.kr
I S B N 979-11-5685-754-9

▪ 이 책의 내용은 저작권법의 보호를 받고 있습니다.
▪ 잘못 만들어진 책은 본사나 구입하신 서점에서 바꾸어 드립니다.
▪ 저자와의 협의 하에 인지가 생략되었습니다.
▪ 책값은 뒷 표지에 있습니다.